Ó abre alas

**DRAMATURGIA DE SEMPRE**
Diretor de coleção: Alcione Araújo

1 – *A caravana da ilusão*, Alcione Araújo
2 – *Os dous ou O inglês maquinista*, Martins Pena
3 – *Ó abre alas*, Maria Adelaide Amaral

*Maria Adelaide Amaral*

# Ó abre alas
(Baseada na obra **Chiquinha Gonzaga – Uma história de vida,** de Edinha Diniz)

*2ª edição*

CIVILIZAÇÃO BRASILEIRA

Rio de Janeiro
2006

COPYRIGHT © Maria Adelaide Amaral, 2000

CAPA
*Evelyn Grumach*

PROJETO GRÁFICO
*Evelyn Grumach e João de Souza Leite*

EDITORAÇÃO ELETRÔNICA
*Art Line*

CIP-BRASIL. CATALOGAÇÃO-NA-FONTE
SINDICATO NACIONAL DE EDITORES DE LIVROS, RJ

A515o
2ª ed.

Amaral, Maria Adelaide
  Ó abre alas / Maria Adelaide Amaral. – 2ª ed. – Rio de Janeiro: Civilização Brasileira, 2006.
  .– (Dramaturgia de sempre)

  Baseada em: Chiquinha Gonzaga – uma história de vida / de Edinha Diniz
  ISBN 978-85-200-0522-4

  1. Teatro brasileiro (Literatura). 2. Gonzaga, Chiquinha, 1847-1935 – Teatro (Literatura). I. Diniz, Edinha, 1949-   . Chiquinha Gonzaga – uma história de vida. II. Título. III. Série.

00-0792

CDD – 869.92
CDU – 869.0(81)-2

Todos os direitos reservados. Proibida a reprodução, armazenamento ou transmissão de partes deste livro, através de quaisquer meios, sem prévia autorização por escrito.

Direitos exclusivos de publicação em língua portuguesa
para o Brasil adquiridos pela
CIVILIZAÇÃO BRASILEIRA – EDITORA RECORD LTDA.
Rua Argentina 171 – Rio de Janeiro, RJ – 20921-380 – Tel.: (21) 2585-2000

PEDIDOS PELO REEMBOLSO POSTAL
Caixa Postal 23.052 – Rio de Janeiro, RJ – 20922-970

Impresso no Brasil
2007

EDITORA AFILIADA

**Sumário**

Apresentação 7
Introdução 9
Chiquinha Gonzaga 15
Ó abre alas 17

# Apresentação

Com a presente coleção **Dramaturgia de Sempre**, a Editora Civilização Brasileira reafirma, mais uma vez, seu histórico reconhecimento do teatro como genuína manifestação cultural de um povo. É a nossa resposta, no plano editorial, ao sensível crescimento do interesse pela atividade teatral no país, sobretudo entre jovens e estudantes.

Numa avaliação ligeira esse fato poderia ser atribuído à indução da televisão. Porém, pesquisas recentes constataram expressiva demanda pelo acesso a peças teatrais da parte de professores de primeiro, segundo e terceiro graus.

**Dramaturgia de Sempre** é uma coleção voltada para esse público: atenta ao valor cultural das peças que publica, interessada em assegurar a compreensão do autor e sua obra, e preocupada em manter acessíveis os preços de capa, sem prejuízo do tratamento gráfico.

Pela sua própria natureza, a experiência teatral pode proporcionar um enriquecedor processo pedagógico-existencial. Estimula em cada participante a criatividade, a disponibilidade à sensibilização, o exercício da compreensão intelectual e da capacidade de reflexão; da perspicácia na observação das pessoas, do controle emocional; da superação da inibição, da valorização da auto-estima; da prática da convivência em grupo e do trabalho em equipe. Muito além de um espetáculo sobre o palco — e a alegria da criação pessoal em harmonia com o coletivo — o resultado no íntimo de cada um é uma compreensão maior da condição humana e das circunstâncias que a determinam.

E tudo começa com a emoção da leitura da peça e a compreensão da sua dramaturgia. Este é o primeiro gesto, o primeiro ato. Só mais tarde, com o processo em andamento, é que as tendências individuais se manifestam. Surgem diretores, atrizes, atores, cenógrafos, iluminadores, compositores, musicistas, figurinistas, aderecistas, maquiadores, costureiras etc. Mas o texto, como esse que ora se publica, é a origem de tudo.

Pela importância fundamental da dramaturgia, e para facilitar a compreensão, cada peça é precedida de uma apresentação sobre o autor e seu tempo, sobre a obra e seu contexto.

# Uma dramaturgia singular

Alcione Araújo

Portuguesa de nascimento, Maria Adelaide Amaral mudou-se para o Brasil ainda adolescente. Vive em São Paulo, onde iniciou e exerce a vida profissional. Além de peças de teatro, escreve telenovelas, romances e faz traduções de textos dramáticos.

Sua dramaturgia tem características muito singulares. Talvez, quem sabe, pela sua origem ou pelo que dela ecoou na vida doméstica. Pela sua idade à época, ou por outras razões, não consta como freqüentadora dos famosos seminários de dramaturgia do Teatro de Arena de São Paulo. Não há em sua obra uma preocupação dominante com a análise histórico-social do povo brasileiro, leito principal das discussões dos seminários. Nem mesmo a busca — preocupação do Arena, que pesquisava no viés nacional-popular uma ideologia estético-política — de uma maneira radicalmente brasileira de narrar, de falar, de sentir, de ser, nem indicações de representar e de encenar "à brasileira".

Também não há, nas suas construções dramáticas, vestígios de qualquer influência temático-dramatúrgica-espacial das irreverentes e anárquicas encenações do teatro Oficina. Nada do antiaristotélico Oswald de Andrade, nem do tropicalismo de *O rei da vela*. Nada da rebeldia de *Na selva das cidades* ou do caótico desespero de *Gracias señor*.

Esteticamente, Maria Adelaide Amaral é filha temporã do TBC — Teatro Brasileiro de Comédia — companhia profissional estável, que antecedeu os grupos citados, na qual diretores refugiados da guerra européia encenaram o que havia de mais importante na dramaturgia universal de então e de sempre. Tudo isso sob o olhar crítico e sectário dos jovens diretores brasileiros, que, à luz dos excessos da luta anticolonialista, só queriam ver no palco o Brasil e os problemas brasileiros. O TBC estreou com Jean Cocteau, trouxe Anouilh, Tennessee Williams, Priestley William Saroyan, Sartre, O'Neill, Pirandello, Goldoni, Ghelderode, Schiller, Gorki, Bernard Shaw, Artur Miller, Lorca, entre outros.

Maria Adelaide estréia nos palcos em 1978, com a peça *Bodas de Papel*. Sua ação se passa num único cenário, a sala de Tetê e Turco, onde o casal recebe amigos para comemorar o aniversário conjugal. Os convidados são um diretor de banco, um diretor financeiro, um ex-assessor, hoje desempregado, um médico e as respectivas esposas. Pela época, deduz-se que são parte da sociedade afluente, beneficiária do "milagre econômico", fantasia de enriquecimento criada pela ditadura. Os conflitos que emergem durante a ação rompem o biombo de papel e deixam transparecer a degradação de valores em que todos estão metidos e a falsidade das relações que construíram. A autora limita-se a apresentar os fatos; seu ponto de vista sobre eles deve ser depreendido no impacto da própria ação — e não numa crítica explícita e denunciadora da decadência generalizada. Essa suposta imparcialidade narrativa pode induzir à compreensão de uma certa omissão ou mesmo complacência da autora. Porém, o mais provável é que a opção pelo realismo — expressão mais forte da autora — imponha a camisa de força da verossimilhança e da plausibilidade, o que transforma a explicitude da crítica não apenas numa interferência retórico-moralista, como, formalmente, uma inadequada interferência autoral. Para uma autora que acredita no realismo, este é um caminho eficaz.

Seu diálogo é sóbrio, comedido, límpido e preciso. Indistinto para regiões, classes sociais, níveis intelectuais ou jargões profissionais. Sua fluidez aparente é, na verdade, um desafio para atores. A homogeneidade e aparente simplicidade chegam a escamotear as nuances individuais de cada personagem e até mesmo o próprio drama que se narra. Ecos tchekovianos podem ser entreouvidos aqui e ali.

A virtude que se esconde na facilidade de fazer diálogos seduziu tanto a autora que na peça *Inseparáveis*, de 1997, a ação dramática ora desaparece, ora se esconde nos interiores freudianos do inconsciente, deixando a impressão generalizada de uma tagarelice cênica.

Sua competência em equilibrar a narrativa dramática, a fluidez dos diálogos e a revelação das singularidades das personagens se consuma na peça *A Resistência*, de 1975 — sobre a demissão de repórteres na redação de um grande jornal.

Afora outras qualidades, a mais nítida característica da dramaturgia de Maria Adelaide Amaral — e que é a pedra de toque de todo grande dramaturgo — é o incansável empenho em compreender profundamente o ser humano, o que a leva a tratá-los com ternura e compaixão — suas dores, suas frustrações, suas paixões, suas alegrias, seus sonhos, suas vitórias, suas derrotas, seus silêncios e seus suspiros.

É claro que, por ser mulher, suas personagens femininas são mais elaboradas, quase sempre positivas e capazes de realizar seus próprios sonhos — o que não quer dizer que os personagens masculinos se reduzam a caricaturas.

Embora, como disse, tenha tido estréia tardia, a autora já tem uma contribuição expressiva ao teatro brasileiro. Além das peças já citadas, escreveu *Ossos do ofício* (1980), *De braços abertos* (1984), *Seja o que Deus quiser* (87), *Por tão longo amor* (93), *Querida mamãe* (94), *Intensa magia* (95) e *Para sempre* (97).

*Ó abre alas* (1983), que ora se publica, é uma peça que ocupa um lugar especial na trajetória de Maria Adelaide Amaral, que penetra na vida brasileira, na política, no mundo econômico, cultural e boêmio da capital federal. Não apenas dispôs de *Chiquinha Gonzaga* (Ed. Rosa dos Tempos), um trabalho ao mesmo tempo amplo e minucioso da pesquisadora Edinha Diniz, com o qual retirou a maestrina do limbo a que o Brasil recolhe precocemente seus maiores talentos, como foi a primeira peça encomendada à autora.

Sobre isso diz a própria Maria Adelaide: "Escrevi Chiquinha Gonzaga" — nome da primeira versão da peça — "em 1983 a pedido de Osmar Rodrigues Cruz, então diretor do Teatro Popular do Sesi, de São Paulo. Era a primeira peça sob encomenda que recebia e lembro-me de ter respondido cheia de dedos: 'Se me apaixonar pela personagem, faço'."

"A verdade é que não fazia a menor idéia de quem era Chiquinha Gonzaga, exceto que ela tinha sido nossa primeira maestrina, palavra que sugeria uma senhora grave e conservadora e provavelmente desinteressante. A única biografia disponível era evidentemente uma história mal contada mas sugeria que fatos muito importantes haviam sido ocultados. Foi a partir dessa suspeita que começou a minha obsessão para descobrir a verdadeira Chiquinha. Finalmente, após inúmeros contatos e telefonemas cheguei a Edinha Diniz, que pesquisava vida e obra de Chiquinha há anos e era o mapa da mina. E que mina. Chiquinha não era só uma feminista *avant la letre*, senhora dona do seu nariz, de sua vida e de sua sexualidade — o que, na época, era totalmente inédito —, como ao longo de sua longa vida se bateu por todas as causas justas, começando pela abolição da escravatura e terminando na fundação da primeira entidade de proteção dos direitos autorais, a SBAT (Sociedade Brasileira dos Autores Teatrais) que sobrevive até hoje, e o que é mais extraordinário, funciona.

"Como a vida de Chiquinha se estende da segunda metade do século XIX a três décadas e meia do século XX, junto com ela vieram dois séculos e as notáveis figuras que ilustravam a história do Rio de Janeiro na época em que era a corte e depois Capital Federal. Artur Azevedo, Paula Nei, Emílio de Menezes, João do Rio, Olavo Bilac, o teatro, a música, a vida social e urbana, os escândalos e a política como pano de fundo, e Chiquinha na frente da cena, irreverente e atuante até morrer em pleno carnaval de 1935, época apropriada para quem, afinal, compôs *Ó abre alas*, a primeira música de carnaval."

É necessário esclarecer que a minissérie apresentada na TV nada tem a ver com esta peça embora tenha sido baseada no mesmo livro de ensaio, *Chiquinha Gonzaga*, de Edinha Diniz.

Que a leitura da peça revele quem foi Chiquinha Gonzaga e traga a compreensão ao Brasil, da arte, da família, da mulher e do amor — no passado. Para que os preconceitos não se repitam no presente.

# Chiquinha Gonzaga

Personagem feminina mais interessante da história brasileira, Chiquinha Gonzaga (1847-1935) esperou um século e meio para ter um reconhecimento à altura da sua contribuição à cultura brasileira. Só heroínas virtuosas e abnegadas pareciam merecer um lugar entre as brasileiras ilustres. E, por ter vivido muito à frente do seu tempo, a compositora e maestrina carioca causou mais escândalo que exemplo.

Foi preciso, portanto, esperar. A autora de obra fundamental para a música brasileira pagava, assim, com o esquecimento, pela ousadia da transgressora. Mas o silêncio nada pode quando a posteridade conspira a favor e, redescoberta, Chiquinha revelou-se moderna, exatamente pelo que condenavam em sua biografia: o conflito com que viveu a maternidade e a sexualidade.

Essa rebelde sinhazinha do Segundo Reinado enfrentou a dominação patriarcal com ousadia inédita, viveu uma vida de música e paixão de forma plena e intensa, desafiou convenções, venceu fortes preconceitos e construiu, com talento e coragem, uma trajetória de sucesso.

Por que a vida de Chiquinha Gonzaga foi um sucesso? No plano profissional, fez-se professora, pianista, compositora, maestrina e líder de sua classe ao fundar a SBAT em 1917. Ao longo da carreira que a levaria da fama escandalosa à celebridade, produziu uma obra do tamanho da sua vitalidade. No plano pessoal, contrariou a expectativa social de que à transgressão feminina correspondesse estigmatização e infelicidade e respondeu com a felicidade pessoal ao lado do seu jovem companheiro.

A contribuição de Chiquinha Gonzaga à cultura brasileira foi decisiva: sua obra serviu de base para a formação da arte que melhor expressa a nossa nacionalidade, a música popular. O que significa que na construção de um sentimento brasileiro está presente uma sensibilidade feminina. E não deixa de ser curioso o fato desta mulher, que recusou o papel convencional de mãe, ser hoje considerada a mãe da música popular brasileira.

Sua façanha torna-se ainda mais espantosa se lembrarmos que a atuação da mulher de sua época não ultrapassava a sala de visitas, verdadeira fronteira do espaço doméstico. Quando a música estrangeira — importada ou feita aqui mesmo — dominava o país, Chiquinha não hesitou em promover no seu piano o encontro de polcas, valsas e tangos europeus com lundus, cateretês e maxixes locais, ajudando a definir os rumos da música produzida no Brasil e a fixar uma rítmica brasileira. No seu piano os sons da rua juntaram-se irreversivelmente às músicas dos salões — sem preconceitos.

Exemplo admirável da sua sensibilidade é a marchinha *Ó abre alas*, composição de 1899, feita para o cordão *Rosa de ouro* sair no carnaval daquele ano. Nesta despretensiosa canção Chiquinha revela de forma inequívoca o seu talento e determinação. Ali está a intuição extraordinária da artista, ao perceber a força e a originalidade da festa que se tornaria manifestação da nacionalidade, como também o seu espírito determinado, ordenando que abram alas na passagem do povo da lira para a vitória.

Foi essa Chiquinha forte e apaixonante que Maria Adelaide Amaral recriou na peça *Ó abre alas* com todo o talento e a sensibilidade que Deus lhe deu e que fazem dela a grande dramaturga que é. Com isso prestou um serviço inestimável à memória da maestrina e, por conseguinte, à memória nacional. Trata-se de um texto irresistível.

EDINHA DINIZ
ABRIL, 2000

# Ó abre alas

# Personagens

CHIQUINHA
REGENTE
GALÃ
ATRIZ MAIS VELHA
SUBDELEGADO
MOCINHA
CREDOR
BASILEU (*Pai de Chiquinha*)
JUCA (*Irmão de Chiquinha*)
ROSA (*Mãe de Chiquinha*)
MARIA (*Filha de Chiquinha*)
CALLADO
JOÃO GUALBERTO (*Filho de Chiquinha*)
DAMA DA CORTE
CAVALHEIRO
PAULA NEI
CARVALHINHO (*2º marido de Chiquinha*)
MULHER DO CALLADO
GAROTO (*Vendedor de partituras*)
ARTUR AZEVEDO
HOMEM
JACINTO (*Ex-marido*)
JOSÉ DO PATROCÍNIO
CONSELHEIRO
ARAUTO
RITOCA (*Nora de Chiquinha*)
MENDIGO
HILÁRIO (*Filho de Chiquinha*)
JORNALEIRO
VENDEDOR DE MODINHAS

FREDY
JOÃO DO RIO
ELA
ELE
CARLOS GOMES
JOÃOZINHO
DANÇARINO DUQUE
DANÇARINA MARIA LINO
RUI BARBOSA
ALICE (*Filha de Chiquinha*)
JOVEM
PASCOAL

*Janeiro de 1885. Teatro Príncipe Real, Rio de Janeiro, ensaio geral de* A corte na roça. *Som de orquestra tocando em andamento mais lento do que seria de esperar.* O GALÃ *canta mal ao lado da* MOCINHA *entediada.* O REGENTE *quase dormindo em cima da partitura.* CHIQUINHA *de pé ao lado do poço da orquestra.* SUBDELEGADO *(encarregado da censura na época) impaciente e irritado, sentado na platéia.*

CHIQUINHA
Não, não e não!

REGENTE
O que é que a senhora quer desta vez?

CHIQUINHA
(*Com energia.*) Quantas vezes preciso dizer que o andamento não é esse???

REGENTE
A senhora quer ensinar o padre-nosso ao vigário???

CHIQUINHA
Ao senhor acho que poderia ensinar!

REGENTE
(*Para o* GALÃ.) É a primeira vez que essa mulher compõe pro teatro e já quer mandar em mim!

#### CHIQUINHA
(*Para o* GALÃ.) O que foi que ele disse?

#### REGENTE
(*Voltando-se para* CHIQUINHA.) Que a senhora não entende nada deste ofício!

*A orquestra recomeça.*

#### CHIQUINHA
E se o senhor entendesse alguma coisa respeitaria o andamento da partitura!

#### GALÃ
(*Cantando.*) Este sorriso que implora/que apurpura os lábios teus... (*Para* CHIQUINHA.) Apurpura é uma palavra medonha!

#### ATRIZ MAIS VELHA
E o que a dona Chiquinha tem a ver com isso? Ela não é libretista! É apenas responsável pela música!

#### SUBDELEGADO
(*Levantando-se na primeira fila com o texto na mão.*) Parem com essa discussão que eu não tenho o dia inteiro pra vocês!!!

#### CHIQUINHA
(*Para o* REGENTE.) Outra vez, faça o favor!

#### REGENTE
A senhora pensa que não tenho mais o que fazer senão ficar aqui começando e recomeçando ao seu bel dispor?

#### CHIQUINHA
(*Avança para ele.*) Muito bem! Já que está com tanta **má vontade**, eu posso **reger**!

REGENTE
Como se não chegasse ser compositora, agora também quer ocupar o meu lugar!

CHIQUINHA
Eu não quero o seu lugar! Só estou pedindo que respeite o que está escrito na partitura!

SUBDELEGADO
(*Irritado.*) Será que é possível a gente trabalhar sem interrupções????

GALÃ
Não se apoquente, dona Chiquinha! Na noite de estréia vai sair tudo bem!

CHIQUINHA
A noite de estréia é hoje e você nem decorou sua canção!

SUBDELEGADO
(*Apoplético.*) Ou vocês calam a boca ou interdito o espetáculo!!!

REGENTE *recomeça.* GALÃ *canta. Uma corista entra e começa a fazer evoluções pelo palco (mal).*

MOCINHA
O que é que esta idiota está fazendo aqui?

GALÃ
Tenham paciência! A moça chegou ontem de Vassouras!

MOCINHA
Você disse que ela tinha experiência!

#### ATRIZ MAIS VELHA
Mas não disse onde!

#### GALÃ
Se não gostam dela, procurem outra que se contente em trabalhar de graça!

#### MOCINHA
Está bem, está bem! A gente sabe que ela só está aqui porque é sua amante!

#### ATRIZ MAIS VELHA
E você só está aqui porque é amante do empresário!

#### MOCINHA
E você também não foi amante dele, sua puta velha???

#### SUBDELEGADO
(*Levantando-se enfurecido.*) Ou vocês respeitam a polícia ou prendo todo mundo!

REGENTE *ataca outra vez.* GALÃ *segura mão da* MOCINHA
*e recomeça a cantar.*

#### CHIQUINHA
(*Para o* REGENTE.) O senhor está errando o andamento outra vez!

#### SUBDELEGADO
Chega! Chega! (*Sobe ao palco.*) Isto até parece de encomenda para me irritar!

#### REGENTE
Absolutamente, eu!

SUBDELEGADO
(*Cortando.*) O primeiro que abrir a boca vai dormir na prisão!

MOCINHA
(*Dengosa.*) Tenha paciência, seu Subdelegado! Está todo mundo muito nervoso por causa da estréia!

SUBDELEGADO
Isto não é nervosismo de estréia! É um asilo de loucos! Em dez anos de profissão nunca vi nada semelhante!

REGENTE
Isto é o resultado de se dar a uma mulher as tarefas que Deus e a sociedade destinaram ao homem!

CHIQUINHA
Não atribua a Deus a autoria de normas tão estúpidas!

SUBDELEGADO
(*Berrando.*) Chega! Chega! (*Tempo.*) Acabem com isso que eu preciso ir embora!

MOCINHA
(*Birra.*) Eu não trabalho mais nesta peça!

GALÃ
(*Correndo atrás.*) Marion, Marionzinha!

MOCINHA
(*Temperamental.*) Não sei onde eu estava com a cabeça quando resolvi me tornar atriz!

ATRIZ MAIS VELHA
E quem disse que você é, meu bem?

CHIQUINHA
(*Para si mesma.*) Isto é um verdadeiro pesadelo!

#### ATRIZ MAIS VELHA
Não, dona Chiquinha! Isto é o teatro e a senhora vai ter que se acostumar com isto se quiser continuar no ramo!

*Todos — menos* CHIQUINHA *e* ATRIZ MAIS VELHA *— congelam.*

#### ATRIZ MAIS VELHA
Um policial ranzinza encarregado da censura! (*Indica o* SUBDELEGADO.) Um maestro incompetente! (*Indica o* REGENTE.) Um Galã canastrão! (*Indica o* GALÃ.) A atual amante do empresário! (*Indica a* MOCINHA.) A antiga amante! (*Indica a si mesma.*)

#### CREDOR
(*Irrompendo teatro adentro.*) Eu quero o meu dinheiro! Eu quero receber o que é meu!

#### ATRIZ MAIS VELHA
Eu tinha me esquecido dos credores!

#### SUBDELEGADO
(*Para* ATRIZ) Isso faz parte da peça?

#### CREDOR
Eu quero o meu dinheiro! E quero já!

#### ATRIZ MAIS VELHA
Já disse que o senhor vai receber tudo quando o dono da companhia voltar de Portugal!

#### CREDOR
(*Irado.*) E quem garante que esse bilontra vai voltar, já que deve mais de cinco contos na praça!

#### GALÃ
Tenha paciência, homem! Deixe a opereta estrear!

CREDOR
(*Aos berros.*) Eu quero o que é meu! Devolvam os meus tecidos, já!

MOCINHA
(*Tirando a parte de baixo do vestido.*) Se é isso que o senhor quer, aqui o tem! (*Joga no* CREDOR.)

CREDOR
Eu vou chamar a polícia!

CHIQUINHA
(*Indicando o* SUBDELEGADO.) Não precisa se abalar!

SUBDELEGADO
(*Para o* GALÃ *e o* REGENTE.) Ponham esse homem pra fora!

CREDOR
(*Retirando-se.*) O senhor será punido! E o dono desta companhia também! Eu tenho amigos no Paço! Eu conheço o Imperador!

SUBDELEGADO
(*Saco cheio.*) Vamos à cena da dança!

*Entra música — o tango* Menina Faceira *—,* GALÃ *e* MOCINHA *dançam com a coreografia do maxixe.*

SUBDELEGADO
Podem parar por aí que esta música tá cortada!

CHIQUINHA
(*Atônita.*) Mas por quê?

**SUBDELEGADO**
E a senhora ainda pergunta por quê? Olhe para eles! Isso é uma indecência!

**GALÃ**
Eu não estou vendo indecência nenhuma!

**SUBDELEGADO**
(*Para o GALÃ.*) Afaste-se da dama!

**CHIQUINHA**
Como é que ele pode dançar um tango separado da dama?

**SUBDELEGADO**
Mas assim como está não pode ser!

**GALÃ**
(*Afastando-se um pouco.*) E assim?

**SUBDELEGADO**
Ainda está muito junto!

**GALÃ**
(*Afastando-se mais.*) Assim?

**SUBDELEGADO**
Dancem para eu ver!

*Música recomeça. GALÃ e MOCINHA dançam.*

**SUBDELEGADO**
Só libero com uma condição!

*Dançarinos param de dançar.*

**SUBDELEGADO**
Está proibida a repetição da dança!

**MOCINHA**
E se o público pedir bis?

**SUBDELEGADO**
Não tem bis! Se repetir, cai o pano!

**CHIQUINHA**
Vamos ver se eu entendi bem! O senhor libera a dança, mas não pode dar bis!

**SUBDELEGADO**
Exatamente!

**CHIQUINHA**
Em outras palavras: "esteje" censurado o que está liberado!

**SUBDELEGADO**
Perfeitamente!

**ATRIZ MAIS VELHA**
Palavra, que não entendo sua lógica!

**CHIQUINHA**
É a lógica da polícia, o que se há de fazer?

**SUBDELEGADO**
A senhora disse alguma coisa???

*Entra música.* GALÃ *e* MOCINHA *dançam.*

**SUBDELEGADO**
(*Berrando.*) Silêncio!!!

*Silêncio — intimidação.*

**SUBDELEGADO**
Estamos conversados!

*Sai.*

**CHIQUINHA**
(*Desabando numa cadeira.*) Ufa!

**ATRIZ MAIS VELHA**
(*Aproximando-se.*) Volte a ser professora de piano, dona Chiquinha! Volte a lecionar!

**CHIQUINHA**
Já passei por coisas piores, posso lhe garantir!

**ATRIZ MAIS VELHA**
Pois se estivesse no seu lugar acho que desistiria!

**CHIQUINHA**
Desistir? Nunca! Você não sabe como foi difícil chegar até aqui! (*Levanta-se.*) Apesar de tudo, vou gostar disto aqui! E afinal, consegui o que queria! (*Vai para o lugar do* REGENTE.) A minha música no teatro! *Começa a reger — entra* Menina Faceira — (*foco em* CHIQUINHA *regendo empolgada.*)

*E corta para a próxima cena.* JUCA *(irmão de* CHIQUINHA*) toca no piano a mesma música.* BASILEU *(pai de* CHIQUINHA*) entra e Juca esconde a partitura, apavorado.*

**BASILEU**
Que música é essa?

**JUCA**
(*Colocando a partitura no bolso.*) Uma melodia sem a menor importância!

#### BASILEU
Se não tem a menor importância, por que a está escondendo de seu pai?

#### JUCA
(*Ergue-se amedrontado.*) Papai, por favor!

#### BASILEU
(*Avançando para Juca e arrebatando a partitura.*) Não tente enganar seu pai ou terá a mesma sorte daquela barregã!!! (*Olha a partitura.*) Como eu imaginava! (*Rasga furiosamente.*) Quantas vezes preciso dizer que você está proibido de ter contato com essa mulher que não tem feito outra coisa senão enxovalhar o nome desta família???

#### JUCA
(*Sofrendo.*) Não fale assim de Chiquinha, papai! Ela é sua filha!

#### ROSA
(*Entrando.*) Que gritaria é essa, Santo Deus? Por que seu pai estava brigando com você?

#### JUCA
Pela razão de sempre, mamãe... Por causa da Chiquinha!

#### ROSA
Não ouse dizer esse nome nesta casa se não quiser ter a mesma sorte de sua irmã!

#### JUCA
A senhora acha isso justo, mamãe? Que enterrem a pobrezinha em vida só porque ela abandonou um marido tirano?

#### ROSA
Tirano ou não é obrigação de uma mulher agüentar o marido!

E sua irmã não deixou só o marido! Amancebou-se com aquele canalha e deixou os filhos ao deus-dará!

JUCA
Como é que a senhora queria que ela ficasse com os filhos se não tinha como os sustentar!?

ROSA
É muita estupidez de sua parte imaginar que a ousadia de sua irmã pudesse ficar sem punição!

JUCA
E era preciso chegar a tanto, mamãe???

ROSA
(*Séria.*) Se você não quer ter a mesma sorte da sua irmã, faça de conta que ela morreu!

JUCA
(*Pede.*) Mamãe, por favor! Que o papai seja inflexível, eu entendo! Ele é militar, sempre foi um homem duro, é natural! Mas a senhora é mãe da Chiquinha!

ROSA
(*Cortando.*) Chiquinha morreu, Juca! Sua irmã morreu quando deixou o Jacinto para se amancebar! Foi ela que ditou sua sorte quando escolheu o caminho da perdição!

JUCA
Chiquinha não está mais amancebada com ninguém! Toca piano, dá aulas e compõe pra viver!

ROSA
Pois melhor seria que ela ainda estivesse amancebada! Seria menos motivo de escândalo!

*Vai saindo.*

### JUCA
Mamãe!...

*Foco em* BASILEU *e* MARIA (*filha de* CHIQUINHA — *menina*).

### BASILEU
Que história é essa da minha santinha agora querer estudar latim?

### MARIA
Quero me instruir, vovô...

### BASILEU
Uma mulher já tem instrução demais se conseguir ler as suas orações e souber escrever uma receita de goiabada! Mais que isso é perigoso, e é bom que você saiba que homem desconfia de mulher letrada!

### CHIQUINHA
(*Se aproximando.*) É minha filha Maria, Mano Juca?

### JUCA
É, Chiquinha...

### CHIQUINHA
De preto... por que mamãe veste Maria de preto, Mano Juca?

### JUCA
A família inteira vestiu luto quando você abandonou seu marido pra se juntar com o Carvalhinho...

### CHIQUINHA
(*Inconformada.*) Mas a minha filha, a filha que deixei com mamãe???

### JUCA
Eles disseram a Maria que você morreu!

#### CHIQUINHA
Eu quero ver Maria! Diga a papai e mamãe que eu vou esperar aqui fora quanto tempo for preciso.

#### JUCA
Desista, Chiquinha! Eles nunca deixarão você chegar perto da Maria!

#### CHIQUINHA
(*Corta.*) Eu não vou arredar pé enquanto não vir minha filha!

#### JUCA
Papai sabe que você tem rondado a casa e Jacinto também! Ele pediu licença a papai para colocar Maria num internato!

#### CHIQUINHA
E papai deixou???

#### JUCA
Jacinto é o pai de sua filha, ele tem plenos direitos sobre a menina!

#### CHIQUINHA
(*Desolada.*) E vão internar minha filha pra evitar que ela se encontre comigo? (*Chorando.*) Por que tenho que pagar tão caro o preço de minha alforria?

#### JUCA
Eu pedi, implorei, argumentei.

#### CHIQUINHA
(*Corta.*) Não me defenda tanto, se não quiser acabar na miséria como eu, Mano Juca!

#### JUCA
Mas não acho justo o que a família está fazendo com você!

CHIQUINHA
Ponha-se no lugar deles! Como se não bastasse ter abandonado meu marido pra viver com outro homem, também esse abandonei pra viver sozinha!! E ao invés de me internar no Recolhimento do Parto, como faria qualquer moça que deu um mau passo, que faço eu? Vivo de música e me assino Francisca Gonzaga! Para a família é uma provocação!

JUCA
Mas eu sei que não é, Chiquinha!

CHIQUINHA
Será que não? Será que não é uma forma de esfregar a minha existência na cara da família? Será que não é uma forma de medir forças com papai?

JUCA
Você vai perder, Chiquinha! A família vai fazer de tudo pra sabotar você!

CHIQUINHA
Eu agüento, mano Juca, tenho agüentado bem!

JUCA
Por favor, Chiquinha! Não queira medir forças com papai!

CHIQUINHA
Ele pode me prejudicar, mas não vai nunca me calar! Ele pode mandar o irmão atrás do moleque que vende as minhas partituras, pode fechar portas, cerrar janelas, mas vai ter que continuar ouvindo minhas composições! Eles decretaram minha morte, mas não conseguiram me matar! Eles são muito fortes, mas à minha maneira, eu sou mais! (*Avança para o piano.*) E sabe por quê? Porque uma mulher da minha condição, que fez

o que eu fiz, e chegou onde eu cheguei, não tem mais nada a perder! (*Senta-se ao piano.*) E graças a Deus, tenho muitos amigos! (*Começa a tocar* Querida por todos. *Toca satisfeita.*)

CALLADO *coloca-se ao lado de* CHIQUINHA *e toca com a sua flauta.*

CALLADO
Não se esqueça também dos apaixonados...

CHIQUINHA
Tenha compostura, homem! Você é casado!

CALLADO
Mas não cego aos encantos de uma mulher tão faceira!

CHIQUINHA
(*Rindo.*) Mas que galanteador você está me saindo, hein, Callado?!

CALLADO
Esta música fiz pra você!

CHIQUINHA
(*Encantada.*) É linda!

CALLADO *aproxima-se e coloca a mão sobre a mão de* CHIQUINHA.

CHIQUINHA
(*Retirando a mão.*) Não!

CALLADO
(*Apaixonado.*) E por que não?

#### CHIQUINHA
(*Levanta-se.*) Não quero confusão! Problemas já chegam os que tenho...

#### CALLADO
Mas eu gosto tanto de você.

#### CHIQUINHA
Se gosta de mim, me deixe em paz! Eu acabei de me separar do Carvalhinho, tenho um filho pra cuidar, não sou meretriz nem freira, o único meio de vida que me resta é este! Eu trabalho com você, se a nossa amizade virar outra coisa, vai ser uma grande complicação!

#### CALLADO
Não quero ser motivo de angústia pra você.

#### CHIQUINHA
(*Corta.*) Callado, por favor!

#### CALLADO
Você pode não querer, mas não pode impedir que eu ame você...

#### CHIQUINHA
(*Beija suavemente* CALLADO *nos lábios.*) Eu também gosto muito de você! (*Firme.*) E agora vamos trabalhar, Callado! Chega de perder tempo com besteiras! (*Senta-se ao piano e começa a tocar a sua polca* Atraente.)

*Foco apenas nela.* JOÃO GUALBERTO *aproxima-se com seu instrumento — clarineta.*

#### JOÃO
Posso acompanhá-la, mamãe?

#### SENHORA DA CORTE
Leva o filho pra tocar com ela, a descarada! E sabe onde? Nos pagodes da Cidade Nova!

#### CAVALHEIRO DA CORTE
É uma infâmia, um insulto, um desplante, um disparate!

#### PAULA NEI
(*Entrando.*) É um trabalho como outro qualquer, cavalheiro! E dona Chiquinha está apenas tentando ganhar a vida com dignidade!

#### SENHORA DA CORTE
Quem é esse marialva?

#### PAULA NEI
O poeta Paula Nei, à sua disposição!

#### CAVALHEIRO DA CORTE
É só o que há nesta cidade! Poetas e mordedores!

#### DAMA
Não se esqueça dos abolicionistas!

#### PAULA NEI
(*Discursando.*) A aurora da liberdade se aproxima atendendo ao chamado de uma nação que não agüenta mais a vergonha da escravidão!

#### CAVALHEIRO
Isso é campanha da Abolição! Meia dúzia de filósofos de botequim arvorando-se em defensores daquilo que não lhes pertence! Em qualquer parte do mundo isso seria uma quadrilha de ladrões! Aqui chama-se de Partido Abolicionista! Um ban-

do de pobres-diabos, isto sim — ralando-se de inveja de cidadãos honestos como eu!

### PAULA NEI
A senhora ouviu o cidadão "honesto", dona Chiquinha?

### CAVALHEIRO
Fique sabendo que a minha fortuna foi feita à custa de muito suor!

### CHIQUINHA
Suor dos negros que trabalham pro senhor!

### DAMA
(*Escandalizada.*) Como se não bastasse, ainda por cima é abolicionista!

### CAVALHEIRO
Essa mulher devia ser deportada pra Goiás!

CAVALHEIRO *e* DAMA *se retiram. Foco em* CALLADO *tocando* Sedutora, *ao qual se sobrepõe som de lundu ao longe.*

### CALLADO
(*Parando de tocar — para* CHIQUINHA) *Escute!*

*Som de lundu.*

### CHIQUINHA
É um lundu!

### CALLADO
O que lembra a você?

### CHIQUINHA
Uma polca, mas o ritmo é muito mais quente!

CALLADO *começa a tocar tentando incorporar elementos de um outro gênero (polca e lundu)*. CHIQUINHA *acompanha-o.* DAMA *e* CAVALHEIRO *começam a dançar.*

### DAMA
Não parece lundu, Conselheiro?

### CAVALHEIRO
Ora, minha senhora! Quem ousaria trazer música de negros para dentro de minha casa? É uma polca!

### DAMA
(*Dançando animada.*) Seja o que for, vai fazer furor!

CARVALHINHO *entra acompanhado por uma mulher jovem e bonita.* CHIQUINHA *pára de tocar.* CALLADO *faz-lhe um gesto de ânimo. Ela retoma a coragem e recomeça.*

### CAVALHEIRO
Olha só quem chegou! João Batista Carvalho!

### DAMA
Carvalhinho! Por onde é que você anda que a gente não o vê mais?

### CARVALHINHO
Desde que me casei não saio mais da fazenda, minha senhora! (*Beija a mão da* DAMA — *apresenta a jovem mulher.*) Minha esposa...

CHIQUINHA *toca mais forte. Foco de luz apenas em* CHIQUINHA *que baixa a cabeça contendo o choro.* CARVALHINHO *e a jovem mulher se abraçam. Flash-back.*

#### CHIQUINHA
(*De pé, olhando para eles.*) Na minha casa, João Batista? Na minha casa???

#### CARVALHINHO
E é preciso fazer esta cena, só porque...

#### CHIQUINHA
(*Cortando.*) Não sou mulher de fazer cenas, João Batista!

*Jovem mulher sai.* CHIQUINHA *se afasta e começa a guardar suas roupas num baú.*

#### CARVALHINHO
(*Detendo* CHIQUINHA.) Vamos lá, pare com essa bobagem!

#### CHIQUINHA
(*Magoada.*) Como é que eu pude me enganar tanto com você?!

#### CARVALHINHO
Você está dando importância demais a um incidente!

#### CHIQUINHA
Para mim tem muita importância, para mim...

#### CARVALHINHO
(*Corta.*) Você se esquece que sou homem???

#### CHIQUINHA
Por quem você me toma? Por uma idiota, uma mulher indefesa que você pode magoar à vontade? Ou uma prostituta à casa de quem você pode trazer livremente outras prostitutas???

#### CARVALHINHO
Chiquinha, me perdoe, eu bebi demais e...

CHIQUINHA
Não é a primeira vez que você faz isso e você me enganou, mentiu pra mim, João Batista!

CARVALHINHO
Eu não menti pra você!

CHIQUINHA
Onde arrumou esta mulher? No baile do Paço???

CARVALHINHO
Eu estava disposto a encontrar seu pai e o Duque de Caxias, seu padrinho! (*Vendo que* CHIQUINHA *recomeça a embalar suas coisas.*) Seu padrinho é o Duque de Caxias, um homem poderoso, ele pode me prejudicar!

CHIQUINHA
É a mim que eles querem castigar, não a você, João Batista! Você é um homem, a Corte está do seu lado!

CARVALHINHO
Acontece que estou cheio dos falatórios a nosso respeito no Paço!

CHIQUINHA
E por isso se embebedou e trouxe esta mulher à nossa casa???

CARVALHINHO
Perdão... (*Tenta abraçá-la.*) Por que é que a gente não pode ser feliz como era em Minas Gerais?

CHIQUINHA
Porque não estamos mais sozinhos! Eu avisei a você o que significava voltar pro Rio de Janeiro! Eu cansei de dizer a você

que ia ser preciso muita coragem e muito amor para agüentar o preconceito e a maledicência!

CARVALHINHO
Você me ama?

CHIQUINHA
Se não amasse teria deixado marido, filhos, teria me sujeitado a passar pelo que passei???

CARVALHINHO
(*Terno.*) Então desfaça esse baú!

CHIQUINHA
Uma coisa é amar, outra coisa é se sujeitar, e nada me fará viver com um homem que não me ama mais!

CARVALHINHO
Isso não é verdade!

CHIQUINHA
Acabou, João Batista! Admita que acabou! Foi lindo enquanto durou, foi lindo o gesto de dar as costas ao mundo e ir morar com você em Minas Gerais! Foi belo nosso isolamento, foi belo quando nossa filha nasceu, mas você teve que voltar e não está agüentando mais a provação de viver ao meu lado!

CARVALHINHO
(*Protesta.*) Que história é essa de provação...

CHIQUINHA
(*Corta.*) Ninguém mais vem aqui por minha causa!

CARVALHINHO
Isso não é verdade! Ontem mesmo o Visconde...

#### CHIQUINHA

Veio acompanhado de uma prostituta! Seus amigos se sentem à vontade para trazer prostitutas à sua casa porque também me consideram prostituta! (*Magoada.*) Será que é tão difícil você admitir que está cansado, agastado com essa situação??? Que seu amor por mim se gastou, se estiolou, João Batista?

#### CARVALHINHO

Como sempre, você vê as coisas de maneira muito dramática e muito exagerada!

#### CHIQUINHA

Exagerada? Quantos convites você recebeu este mês e quantos eram extensivos a mim? Pois vou dizer! Nenhum! Quem são as pessoas que nos recebem? Músicos, poetas, boêmios, sonhadores! Aqueles que também não são recebidos por ninguém!

#### CARVALHINHO

Chiquinha...

#### CHIQUINHA

Você está cansado e eu também... Sejamos francos um com o outro como fomos até ainda há pouco...

#### CARVALHINHO

Para onde você vai?

#### CHIQUINHA

Não sei.

#### CARVALHINHO

E o que você vai fazer sozinha?

#### CHIQUINHA

Trabalhar!...

#### CARVALHINHO
Trabalhar no quê, Santo Deus? Uma mulher branca só pode ser uma de duas coisas: prostituta ou criada de servir.

#### CHIQUINHA
É isso que vamos ver!

#### CARVALHINHO
E Alice, nossa filha?

#### CHIQUINHA
Fica com você. Eu não sei o que me espera!

#### CARVALHINHO
Você é louca!

#### CHIQUINHA
(*Chamando.*) Gualberto!

#### CARVALHINHO
Chiquinha...

#### CHIQUINHA
Não tente me deter, por favor!

#### JOÃO GUALBERTO
A senhora me chamou, mamãe?

#### CHIQUINHA
Vá arrumar as suas coisas!

#### JOÃO GUALBERTO
A gente vai se mudar outra vez?

#### CHIQUINHA
Não faça perguntas! Vá chamar alguém pra nos ajudar com as nossas coisas!

*Gualberto sai.*

CARVALHINHO
Será que não pode reconsiderar sua decisão???

CHIQUINHA
Por que, em nome do quê? (*Toca o braço de* CARVALHINHO.) No fundo também é isso que você quer...

CARVALHINHO
(*Culpado.*) Me perdoe...

CHIQUINHA
Cuide bem da minha filha... (*Sai.*)

*Foco em* CALLADO *que toca uma música de sua composição:* Querida por todos.

CHIQUINHA
O que eu faço agora, Callado?

CALLADO
Venha tocar no meu conjunto de choro!

CHIQUINHA
E desde quando você precisa de uma pianeira? O conjunto tem o violão que faz as vezes do piano!

CALLADO
Em sarau de gente pobre! E quando se toca em casa de gente rica?

CHIQUINHA
Tem certeza que não está fazendo isso apenas para me ajudar?

CALLADO
Uma mão lava a outra, Chiquinha!

CHIQUINHA
Você é um amigão!

CALLADO
E é um, é dois, e é três! (CALLADO *toca* Querida por todos.)

CHIQUINHA *senta-se ao piano e começa a tocar.*

CALLADO
Não se preocupe, que dias melhores virão!

*Jogo de sombras. Casais dançando.* CARVALHINHO *e* JOVEM MULHER *dançando em primeiro plano. Foco em* CHIQUINHA *que chora. E em* CALLADO. *Música cessa.*

CALLADO
Não vale a pena!

CHIQUINHA
Eu sei, é só um desabafo!

CALLADO
Dias melhores virão...

CHIQUINHA
Quando?

CALLADO
Não fique assim, por favor...

CHIQUINHA
(*Recompondo-se.*) Desculpe, eu não gosto de incomodar as pessoas com meus problemas... Mas é que é muita coisa, você entende?

CALLADO
(*Pega a flauta e começa a tocar os primeiros acordes de* Flor amorosa.) Gosta?

CHIQUINHA
É uma beleza, Callado!

CALLADO
É dedicada a você...

CHIQUINHA
(*Sem graça.*) Assim fico encabulada...

VOZ DA MULHER DE CALLADO
Joaquim!

CALLADO
(*Agastado.*) Quantas vezes tenho que dizer que não posso ser interrompido quando estou ensaiando???

CHIQUINHA
Ela não gosta de mim!

CALLADO
Ciúme tolo! Não se amofine!

MULHER DE CALLADO
(*Entrando.*) Está aí fora o moleque das partituras!

CALLADO *sai.*

MULHER DE CALLADO
(*Para* CHIQUINHA.) Já está escurecendo! A senhora não vai pra casa?

CHIQUINHA
(*Dedilha alguma coisa.*) Não tenho medo da escuridão!

MULHER DE CALLADO
A senhora é corajosa, hein? Andar por essas vielas até pegar o bonde pra São Cristóvão!...

CHIQUINHA
(*Parando de tocar.*) Por que a senhora implica tanto comigo?

MULHER DE CALLADO
Então a Corte não fala de outra coisa e a senhora não sabe?!!!

CHIQUINHA
Não sei o quê, criatura?

MULHER DE CALLADO
Não chegou desonrar o nome da sua família, agora também quer destruir o meu lar???

CHIQUINHA
(*Recolhendo as partituras.*) Eu não sou obrigada a ouvir seus insultos, minha senhora! (*Muito digna.*) Passe muito bem! (*Vai saindo.*)

CALLADO
(*Entrando e cruzando com* CHIQUINHA.) Já vai???

CHIQUINHA
Desculpe, Callado, mas não dá mais pra ensaiar aqui!

CALLADO
(*Atônito.*) Mas o que aconteceu?

MULHER DE CALLADO
A culpa é dessa desavergonhada que você trouxe pra dentro da minha casa!

CHIQUINHA
(*Calma.*) Sua mulher está doida! (*Sai.*)

CALLADO
(*Preocupado.*) Dona Chiquinha!

MULHER DE CALLADO
Negue agora que essa mulher está virando a sua cabeça! Negue que você foi enredado por essa mulher à toa! Negue, Joaquim!!!

*Entra a todo volume* Flor amorosa. GAROTO
*entra com as partituras de* CALLADO.

GAROTO
Comprem a última novidade! *Flor amorosa,* de Joaquim Callado!

DAMA
(*Para* CAVALHEIRO.) Dizem que ele compôs praquela mulher!

CAVALHEIRO
É uma infâmia, um insulto, um desplante, um disparate!

CHIQUINHA *vai entrando segurando suas partituras, caminhando apressada. Lenço de seda na cabeça.*

DAMA
Já viu como se veste, Conselheiro? Não tem nem a decência de usar chapéu!

CHIQUINHA *cruza com* DAMA *e esta arranca-lhe o lenço da cabeça.*

DAMA
(*Dura.*) Imoral!

CHIQUINHA
A senhora é uma pessoa muito feia! (*Segue.*)

*Foco em* CALLADO *com sua flauta. Tocando* Flor amorosa.
CHIQUINHA *aproxima-se dele.*

CALLADO
Ainda amolada com minha mulher?

**CHIQUINHA**
Você não sabe o que aconteceu! Uma mulher me chamou de imoral e me arrancou o lenço da cabeça! Como se eu pudesse comprar um chapéu!

**CALLADO**
Logo, logo você vai poder comprar todos os chapéus que tiver vontade!

**CHIQUINHA**
(*Cansada.*) Eu só queria que me deixassem trabalhar!

**CALLADO**
Arrumei mais uma aluna pra você!

**CHIQUINHA**
Os pais sabem quem sou, Callado? Ou mais uma vez vou ter que passar pelo dissabor de ser convidada a me retirar quando a família descobrir que sou aquela imoral de quem todo mundo fala?

**CALLADO**
É uma família estrangeira, pode ficar sossegada!

**CHIQUINHA**
Quem diz que eu quero sossego? Eu quero respeito! Sossego nem pensar!...

>CHIQUINHA *começa a tocar no piano os primeiros acordes da polca* Atraente.

**CALLADO**
Essa eu não conheço!

**CHIQUINHA**
Nem pode...

>CHIQUINHA *começa timidamente, depois com entusiasmo.* CALLADO *acompanha-a.*

PAULA NEI
(*Entrando.*) Mas é uma sensação! Quem é o compositor?

ARTUR AZEVEDO
(*Entrando.*) Cá por mim tenho um palpite!

CHIQUINHA
Você nunca duvidou das minhas prendas, não é, Artur?

*Ela e* CALLADO *continuam tocando. Aplausos.*

CHIQUINHA
E agora, Callado?

CALLADO
É imprimir e mandar os moleques pra rua vender!

ARTUR
E como se chama a composição?

CHIQUINHA
(*Olhando para* CALLADO.) *Atraente*!

*Black-out. Som de vários pianos tocando* Atraente. *Luz total.*

MOLEQUE
(*Entrando com um monte de partituras.*) Olha a polca do momento! Olha a *Atraente* de dona Francisca Gonzaga!

*Um homem avança para cima do* MOLEQUE, *arrebata-lhe as partituras e as rasga.*

PAULA NEI
(*Entrando por ali.*) Mas quem tem a ousadia?

HOMEM
(*Para o* MOLEQUE.) Se eu o apanhar vendendo isso outra vez, dou-lhe uma sova!

#### PAULA NEI
Eu protesto contra esta vil demonstração de violência contra este pobre infante e dona Francisca Gonzaga!!!

#### HOMEM
(*Furioso.*) E o senhor cale-se se não quiser apanhar também!

#### PAULA NEI
(*Batendo no rosto do homem com uma luva.*) Escolha as armas e os padrinhos! Eu me baterei com o senhor em nome da liberdade!

#### HOMEM
Afinal quem é o senhor???

#### PAULA NEI
O poeta Francisco de Paula Nei! E o senhor?

#### HOMEM
(*Retirando-se.*) Ora, não me amole! (*E vai saindo.*)

#### PAULA NEI
(*Para o* MOLEQUE.) Mas afinal de contas quem é esse indivíduo?

#### MOLEQUE
O tio, seu Paula...

#### PAULA NEI
Tio de quem?

#### MOLEQUE
Tio dela, da dona Chiquinha! Tava me seguindo desde hoje de manhã.

#### CHIQUINHA
(*Entrando — para o* MOLEQUE.) Ele bateu em você, meu filho?

#### MOLEQUE
Pouco fartô, sinhá!

#### CHIQUINHA
Então a família não gostou da polca??? Pois vão tomar um tango!

#### PAULA NEI
É assim que se fala, dona Chiquinha!

*Sobe o som do tango* Sedutor *a todo o volume.* CHIQUINHA *no piano.* JOÃO GUALBERTO *aproxima-se.*

#### CHIQUINHA
Que cara é essa, menino? O que você quer?

#### JOÃO GUALBERTO
Papai está lá fora, querendo vê-la...

#### CHIQUINHA
(*Estranha.*) Jacinto, querendo me ver??? Você tem certeza que é mesmo seu pai???

JOÃO GUALBERTO *assente.*

#### CHIQUINHA
O que é que esse homem pode querer de mim?

#### JOÃO GUALBERTO
Se papai quiser me levar com ele, não deixe, mamãe!

#### JACINTO
(*Entrando.*) Eu não vou levar você, pode ficar sossegado! Você foi criado por sua mãe, é um caso perdido, não quero que você contamine seus irmãos...

#### CHIQUINHA
(*Levanta-se.*) O que o senhor veio fazer aqui?

#### JACINTO
(*Olha ao redor com desdém.*) Então é nesta pocilga que a senhora mora com meu filho?

CHIQUINHA
Se veio aqui pra me insultar...

JACINTO
(*Corta.*) Não, vim pra conversar... (*Para* JOÃO GUALBERTO.) Quer esperar lá fora, meu filho?

CHIQUINHA
Não há nada que o senhor tenha a me dizer que meu filho não possa escutar!

JACINTO
(*Passa os dedos no piano.*) Belo som...

CHIQUINHA
O que o senhor entende de som?

JACINTO
Eu admito que não sou grande conhecedor...

CHIQUINHA
Nem grande, nem pequeno! O senhor nunca gostou de música!

JACINTO
Mas aprecio um bom piano!

CHIQUINHA
Aprecia tanto que foi logo vendendo meu piano quando a gente se casou!

JACINTO
Eu precisava de dinheiro para uma transação importante!

CHIQUINHA
Precisava tirar de mim a única coisa que me dava alegria!

JACINTO
A senhora tinha filhos para lhe dar alegria e o piano estava afastando a senhora de seus deveres de mãe!

**CHIQUINHA**
Na hora que o senhor me tirou meu piano começou nossa separação!

**JACINTO**
Ora, não me venha com essa! É público e notório que a senhora me abandonou por causa do Carvalhinho!

**CHIQUINHA**
Eu o abandonei porque o senhor era um homem brutal! Porque me obrigou a viver trancafiada na cabine daquele navio negreiro!

**JACINTO**
A senhora era minha mulher! Era sua obrigação me acompanhar!

**CHIQUINHA**
Não era sua mulher, era uma escrava que o senhor comandava a seu bel prazer!

**JACINTO**
(*Irônico.*) Quanto ressentimento abriga esse musical coração!

**CHIQUINHA**
Eu ainda não entendi o que o senhor veio fazer!...

**JACINTO**
Quanto quer para se mudar para São Paulo?

**CHIQUINHA**
(*Horrorizada.*) O quê???

**JACINTO**
Não precisa ser São Paulo, pode ser outra cidade qualquer! Desde que seja evidentemente longe da Corte e do Paço!

**CHIQUINHA**
Faça o favor de se retirar imediatamente daqui!

JACINTO
Eu estou disposto a fazer uma boa oferta. A senhora devia considerar!

CHIQUINHA *aponta a porta.*

JACINTO
Eu sei que a senhora passa necessidade, por que...

CHIQUINHA
(*Corta.*) Se passo necessidade, o senhor não tem nada a ver com isso! A minha vida não é da conta de ninguém!!!

JACINTO
Passa a ser da minha conta quando seu atos repercutem na vida de nossos filhos!

CHIQUINHA
Hilário, que eu saiba, está sendo criado pela sua irmã no Rio Grande do Sul! Não sei que mal posso lhe fazer!

JACINTO
Estou falando de Maria, a menina que foi criada por sua mãe!

CHIQUINHA
E o senhor fez de tudo para evitar que ela tenha contato com a "leprosa" da mãe!

JACINTO
Se a senhora gostasse de fato da sua filha não a teria abandonado nem conspurcado o nome de sua família, assinando-se Francisca Gonzaga!

CHIQUINHA
E por que não me deveria assinar, se é assim que me chamo???

JACINTO
Porque o que a senhora é e o que a senhora faz é motivo de escândalo!

#### CHIQUINHA
Eu ganho a vida com dignidade, não tenho nada de que me envergonhar, senhor Jacinto! Ao contrário do senhor que fez a sua fortuna levando os pobres escravos pra Guerra do Paraguai!

#### JACINTO
Soldados, minha senhora! Eles eram voluntários da pátria!

#### CHIQUINHA
Escravos fardados que o senhor tratava como gado no seu navio negreiro!

#### JACINTO
Como se não bastasse tudo, agora também se tornou abolicionista!

#### CHIQUINHA
Graças a pessoas como o senhor e outros da sua espécie!

#### JACINTO
(*Desdém.*) Eu não vou discutir! Assuntos como esse não se discutem com mulheres, muito menos mulheres da sua laia.

#### CHIQUINHA
(*Apontando a porta.*) Se o senhor já terminou pode se retirar!

#### JACINTO
Não, ainda não terminei! (*Tempo.*) Maria está noiva...

#### CHIQUINHA
Quando é que ela saiu do internato?

#### JACINTO
Como estava dizendo, Maria está noiva de um rapaz de uma família muito boa. Esse casamento só vai ser possível porque a família não sabe que a senhora é a mãe da noiva!

#### CHIQUINHA
Sei que vocês gostariam muito que eu estivesse morta, mas como não conseguiram, resolveram me enterrar!

#### JACINTO
É para o bem de Maria, minha senhora! Se a família Delamare souber que ela é sua filha, rompe o compromisso incontinenti!

#### CHIQUINHA
Família Delamare!

#### JACINTO
Uma família muito religiosa!

#### CHIQUINHA
Então devem saber que mentir é pecado!

#### JACINTO
Eu não sei em que mundo a senhora vive! Mas no mundo que a senhora deixou, é assim que as coisas são!

#### CHIQUINHA
Então Maria vai se casar e não sabe sequer da existência da mãe!

#### JACINTO
Foi a senhora que se condenou à morte quando nos abandonou!

#### CHIQUINHA
É Deus quem vai me julgar, não o senhor ou meu pai! Motivo de escândalo ou não, Maria é minha filha e deve saber que sou sua mãe!

#### JACINTO
Se tem algum amor pela sua filha, continue fazendo a menina acreditar que a senhora está morta!

#### CHIQUINHA
Se esse rapaz tiver algum amor pela minha filha, casa-se com ela independentemente de quem seja sua mãe!

#### JACINTO
A senhora não ouse!

#### CHIQUINHA
(*Enfrentando.*) Pois vou ressuscitar dos mortos, senhor Jacinto! Pode me aguardar!

#### JACINTO
(*Ameaçador.*) A senhora...

#### CHIQUINHA
(*Cortando — calma e firme.*) Saia daqui!

JACINTO *sai.* CHIQUINHA *senta-se na banqueta do piano e chora.* CALLADO *entra e se aproxima.*

#### CALLADO
Você ainda vai calar a boca dessa gente!

#### CHIQUINHA
É muita gente pra calar ao mesmo tempo! É a minha família me impedindo de ver minha filha e correndo atrás dos moleques que vendem as minhas partituras! É a maledicência da Corte, é a sua mulher... Eu estou cansada, muito cansada, Callado!

#### CALLADO
Só há um jeito de calar a boca deles! Subir cada vez mais alto, cada vez mais alto, Chiquinha!

#### CHIQUINHA
Com tanta gente dificultando meu caminho? Já considero um milagre ter chegado onde cheguei!

#### CALLADO
Mas ainda não chegou onde tem que chegar!

#### CHIQUINHA
Só faltava você me mandar pra Europa!

#### CALLADO
É muito mais perto que a Europa! O que atrai mais multidões que um enforcamento no Pelourinho?

#### CHIQUINHA
Já sei o que você vai dizer!

#### CALLADO
Qual é o grande divertimento da Corte?

#### CHIQUINHA
O teatro!

#### CALLADO
É lá que você tem que chegar! Para a sua música ser assobiada, cantada e tocada em toda a cidade do Rio de Janeiro!

#### CHIQUINHA
E você acha que minha família vai deixar? Acha que minha família, que me deseja morta, não vai impedir minha notoriedade?

#### CALLADO
Alegre-se, vamos, não fique assim! Escute o que compus em sua homenagem! (*Começa a tocar* Por todos querida.)

*CHIQUINHA o acompanha animada. Jogo de sombras sugerindo vários casais dançando. CAVALHEIRO aproxima-se de CALLADO e fala alguma coisa ao seu ouvido.*

#### CALLADO
Se a dona Chiquinha sair, também saio com o conjunto!

#### CAVALHEIRO
(*Discretamente.*) Por favor, eu não quero escândalos! Meu problema não é com o senhor, é com a sua pianista!

#### CHIQUINHA
(*Levantando-se.*) O que está acontecendo?

#### CAVALHEIRO
Acabo de saber que o Duque de Caxias vai chegar a qualquer momento e...

#### CHIQUINHA
(*Fechando a tampa do piano.*) Não precisa dizer mais nada! (*Vai pegando suas partituras.*)

#### CALLADO
Eu vou com você!

#### CHIQUINHA
(*Firme.*) Você fica! Não se esqueça que tem uma família pra criar!

#### CALLADO
Mas não é justo, Chiquinha!

#### CHIQUINHA
Não se atreva! Você precisa trabalhar!

#### CALLADO
E você não?

#### CHIQUINHA
(*Na boa.*) Eu já estou acostumada! Já foi o tempo que esse tipo de coisa me deixava amargurada! (*Avança para a frente da cena.*)

*Sobe* Hino Pátrio *da época.*

#### CAVALHEIRO
(*Alvoraçado.*) O Duque de Caxias chegou! O Duque de Caxias chegou!

*Foco apenas em* CHIQUINHA.

#### CHIQUINHA
Eu não vou olhar pra trás! Eu não quero virar estátua de sal!

*Sobe* Hino Pátrio. *E por cima a protofonia de* O Guarani.
CHIQUINHA *no piano tocando* O Guarani *entusiasmada.*
*Sobrepondo-se vozes populares gritando:* O CALLADO *morreu!*

JOÃO GUALBERTO
(*Entra apressado.*) A senhora escutou?

CHIQUINHA *pára de tocar.*

VOZ POPULAR EM OFF
O Callado morreu!

CHIQUINHA
(*Levanta-se assustada.*) O quê???

VOZ EM OFF
O Callado morreu!!!

*Entra a todo o volume* Flor amorosa. *Foco apenas em* CHIQUINHA. CHIQUINHA *toca e chora.* PAULA NEI *e* ARTUR AZEVEDO *se aproximam.*

ARTUR
A vida continua, dona Chiquinha! Coragem!

PAULA NEI
A senhora tem amigos, dona Chiquinha! A senhora não está sozinha!

CHIQUINHA *faz que sim.*

ARTUR
O teatro, a poesia e a imprensa se irmanam para prestar a nossa solidariedade e convidar a senhora para fazer parte do partido abolicionista!

CHIQUINHA
Pensei que já fazia!

PAULA NEI
Mas o Artur quis formalizar!

#### CHIQUINHA
(*Pedindo a* ARTUR.) Eu preciso de um favor seu!

#### ARTUR
Quantos a senhora precisar!

#### CHIQUINHA
Me abra as portas do teatro, Artur!

#### ARTUR
Com muito gosto, mas a senhora sabe que nesse ramo quem manda é quem tem dinheiro e eu sou apenas um modesto escrevinhador!

#### PAULA NEI
Não seja modesto! Você é o grande Artur Azevedo, conhece todo mundo, está com dois espetáculos em cartaz, e mais dois prestes a sair do forno!

#### CHIQUINHA
Não está precisando de um compositor?

#### ARTUR
Eu e o Valentim, o Sampaio, o Filinto! O que seria do libreto sem a música, dona Chiquinha?

#### CHIQUINHA
Então me dê uma oportunidade!

#### ARTUR
Eu dou! Resta saber se os empresários também estão dispostos a dar!

*Entra o tango* Menina faceira. *Black-Out. Foco na*
DAMA DA CORTE *e no* CAVALHEIRO.

#### DAMA
Já sabe da última, Conselheiro? A grande dama vai estrear no teatro!

**CAVALHEIRO**
Conseguiu afinal?

**DAMA**
Apesar das injunções da família e do Duque de Caxias! Mas depois de percorrer não sei quantos teatros e falar com não sei quantos empresários, afinal conseguiu!

**CAVALHEIRO**
Quem é o empresário demente?

**DAMA**
O Sousa Bastos!

**CAVALHEIRO**
Aquele caloteiro?

**DAMA**
Fugiu pra Portugal!

**CAVALHEIRO**
Esse não tem nada a perder! Está explicado!

*Foco no GALÃ e na MOCINHA dançando Menina faceira. Som de público aplaudindo e pedindo bis. O casal recomeça a dançar.*

**SUBDELEGADO**
(*Em off.*) Pano! Pano! Eu avisei que não podia repetir!

**GALÃ**
Se pode uma vez, por que não pode duas?

*Público pede bis. Os dançarinos desafiam o SUBDELEGADO.*

**SUBDELEGADO**
Pano! Pano! A peça está suspensa até segunda ordem!

*Vaia prolongada. Entra música Menina faceira.*

#### PAULA NEI
(*Para* CHIQUINHA *que vem entrando.*) Que sucesso, dona Chiquinha! Na cidade inteira não se escuta outra coisa!

#### CHIQUINHA
(*Contente.*) Parece que sim, Paula Nei! (*Dá uma volta em torno de si mesma.*) Gosta do meu chapéu?

#### PAULA NEI
Encantador! Francês, tenho certeza!

#### CHIQUINHA
Acabei de comprar na Rua do Ouvidor!

*Entra uma senhora* (ROSA — *mãe de* CHIQUINHA). *Acompanhada de* MARIA, *jovenzinha*. CHIQUINHA *fica séria*. ROSA *fica em pânico e segura a mão de* MARIA. PAULA NEI *se afasta*.

#### MARIA
(*Para* ROSA.) A senhora conhece aquela mulher?

#### ROSA
(*Nervosa.*) Não, nunca a vi na vida!

#### MARIA
Por que ela está me olhando assim?

CHIQUINHA *aproxima-se e estende o braço para* MARIA.

#### CHIQUINHA
Não vai tomar a bênção de sua mãe?

MARIA, *atônita, olha para* ROSA *e* CHIQUINHA *sem entender*.

#### CHIQUINHA
Não lhe disseram que você ainda tem mãe?

ROSA
(*Protegendo* MARIA.) Deve haver algum engano! Eu não conheço a senhora!

CHIQUINHA
Não conhece a filha que gerou, mamãe?

MARIA
(*Nervosa.*) Quem é essa senhora?

ROSA
(*Levando* MARIA.) Em casa eu conto tudo pra você!

CHIQUINHA
(*Alto.*) Em que cemitério eles disseram que estou enterrada??? (*Desolada para* JUCA *que entra.*) Ela fugiu de mim!

JUCA *abraça* CHIQUINHA.

JUCA
O que você esperava que fosse acontecer?

CHIQUINHA
(*Desabando.*) Minha filha fugiu de mim, Mano Juca!

JUCA
Esqueça papai, mamãe, esqueça que tem essa filha!

CHIQUINHA
(*Chocada.*) A cara de Maria quando eu disse que era sua mãe! Foi como se tivesse visto um fantasma!

JUCA
Ela acreditava que você estivesse morta!

CHIQUINHA
Por que você não lhe disse que não era órfã, por que não lhe contou a verdade?

#### JUCA
Eu não podia, você sabe que eu não podia, você conhece nosso pai!

#### CHIQUINHA
Você tem mais de 30 anos, é diplomata de carreira, por que continua com tanto medo de papai?

#### JUCA
Eu não tenho sua coragem, mana!

#### CHIQUINHA
Papai não pode mais controlar a sua vida, Juca!

#### JUCA
Ele pode tudo, é o chefe da família, mana!

#### CHIQUINHA
(*Aprumando-se.*) Ele é todo-poderoso e vai se aproveitar de mais este episódio para me execrar!

#### JUCA
Sua família sou eu e Gualberto, são os seus amigos, minha irmã!

#### CHIQUINHA
O que será que vão dizer à menina? Que calúnias sobre mim irão inventar?

#### JUCA
Me dê um abraço, mana! Estou embarcando pra Europa amanhã de manhã!

CHIQUINHA *abraça* JUCA *emocionada.* JUCA *vai saindo.*
CHIQUINHA *acena.*

#### JOSÉ DO PATROCÍNIO
(*Entrando.*) Ânimo, dona Chiquinha! Vamos trabalhar!

**CHIQUINHA**
É isso mesmo, Patrocínio! Vamos trabalhar!

**ARTUR**
(*Entrando.*) Dona Chiquinha, a senhora ficaria muito brava se eu escrevesse uma burleta sobre sua vida?

**CHIQUINHA**
Melhor escrever um drama, Artur Azevedo. Minha vida não é matéria pra burletas!

PATROCÍNIO *conduz delicadamente* CHIQUINHA. *Saem. Pelo outro lado entram* DAMA DA CORTE *e* CAVALHEIRO.

**DAMA**
Já soube da última, Conselheiro? O velho Delamare rompeu o noivado do filho quando descobriu quem era a mãe da noiva!

**CONSELHEIRO**
E o velho Basileu não teve um ataque de apoplexia?

**DAMA**
Pois então pasme! Foi de uma calma inaudita! Chamou a neta e perguntou se ela tinha alguma coisa a declarar!

**CONSELHEIRO**
E o que foi que ela respondeu?

**DAMA**
O que o senhor resolver, está bem pra mim!

*Entra uma música de* Zé Caipora *imediatamente seguida pelo* ARAUTO.

**ARAUTO**
Não deixem de ver *Zé Caipora*, aparatosa revista cômica de Oscar Pederneiras, em 1 prólogo, 3 atos e nove quadros, no

Teatro Príncipe Imperial, pela Companhia de Operetas, e a direção do grande ator Machado, música das mais afamadas operetas, dos mais festejados maestros, como Francisca Gonzaga.

CHIQUINHA
(*Entrando — para* DAMA.) Senhora, estou vendendo partituras para libertar um músico negro!

DAMA
Dê-me duas por favor! (*Pega e paga.*)

CAVALHEIRO
É só o que se vê nesta cidade! Poetas e abolicionistas!

DAMA
Ora, Conselheiro! Quem não é abolicionista hoje em dia? Até o nosso Exército aderiu à causa!

CAVALHEIRO
Tem razão, minha senhora! Precisamos banir da Pátria esta mácula que tanto nos envergonha perante as nações civilizadas!

*E vão saindo.*

PATROCÍNIO
(*Para* CHIQUINHA.) A voz do povo é a voz de Deus!

CHIQUINHA
É verdade que eles estão longe de ser povo, mas quando se consegue sensibilizar essa gente!...

*Entra* DONA ROSA *com* MARIA. CHIQUINHA *olha para* MARIA *e sorri ternamente.* MARIA *vira-lhe o rosto.* DONA ROSA *e ela apressam o passo.* CHIQUINHA *arrasada.*

PAULA NEI
Por que insiste?

**CHIQUINHA**
(*Mal.*) O rapaz rompeu o compromisso com ela por minha causa!

**PAULA NEI**
Sua filha felizmente arrumou outro rapaz, dona Chiquinha! Ela vai se casar com Gustavo Mancebo...

**CHIQUINHA**
Mas continua com raiva de mim!

**PAULA NEI**
(*Delicado.*) Não dê murro em ponta de faca, dê tempo ao tempo, não se apoquente dona Chiquinha...

**CHIQUINHA**
O senhor tem razão. Não vou insistir mais!

**PATROCÍNIO**
(*Entrando.*) O que vocês estão fazendo aqui? O Senado está votando a Abolição e a Princesa desceu de Petrópolis especialmente para assinar o decreto!!!

*Som de* A Marselhesa. *Foco em* CHIQUINHA *no piano tocando* A Marselhesa. *PAULA NEI e* CHIQUINHA *cantam entusiasmados.* GUALBERTO *entra arrastando* RITOCA *pela mão.*

**JOÃO GUALBERTO**
Não seja caipira, Ritoca! Venha conhecer minha mãe!

RITOCA *esconde-se atrás dele, envergonhada.*

**JOÃO GUALBERTO**
Mamãe!

**CHIQUINHA**
(*Parando de tocar.*) O que é?

JOÃO GUALBERTO
Quero apresentar a minha noiva pra senhora...

CHIQUINHA
(*Estranha.*) Noiva? (*Examina* RITOCA.)

JOÃO GUALBERTO
(*Para* RITOCA.) Pede a bênção pra mamãe!

RITOCA
Bença....

CHIQUINHA
(*Seca.*) Deus te abençoe, minha filha... Quantos anos você tem?

RITOCA
Treze...

CHIQUINHA
Que Deus me ajude! (*Volta a tocar* A Marselhesa.)

JOÃO GUALBERTO
A senhora não é contra o nosso noivado, não é?

CHIQUINHA
(*Tocando.*) E adianta ser?

JOÃO GUALBERTO
A Ritoca sabe bordar, mamãe!

CHIQUINHA
(*Parando.*) E o que mais você sabe fazer, minha filha?

RITOCA
Como assim, dona?

CHIQUINHA
(*Olha para cima.*) Que Deus nos ajude! (*Recomeça a tocar.*)

JOÃO GUALBERTO *e* RITOCA *saem.*

PAULA NEI
A senhora não ficou agastada por causa do seu menino!

CHIQUINHA
(*Tocando entusiasmada.*) Imagine se isso ia me estragar o dia, meu amigo! (*Sinceramente.*) Eu estou muito, muito feliz! Muito feliz, Paula Nei!

PAULA NEI
Eu também, dona Chiquinha! Jamais houve nem haverá dia igual!

CHIQUINHA
Até aquele urso do Machado de Assis saiu à rua para comemorar a Abolição!

JOSÉ DO PATROCÍNIO *entra.*

PAULA NEI
Que grande dia para você morrer, Patrocínio!

CHIQUINHA
(*Para* PAULA NEI.) Que conversa é essa, Paula Nei?

PAULA NEI
Ah, dona Chiquinha, dia como este Patrocínio não viverá nunca mais! Se ele morresse hoje, o enterro ia ser um triunfo! Já imaginou o Tigre da Abolição morrer em plena apoteose?

PATROCÍNIO
Ainda há muito a fazer! Eu vou para a política, meus amigos!

CHIQUINHA
Não tenha muitas ilusões, Zé do Pato, porque daqui a pouco tudo que vivemos hoje estará esquecido! Este é o país das girândolas e dos balões! Muito foguete, muita faísca, e no fim tudo se dissolve em fumaça!

PAULA NEI
Por que uma festa tão alegre tem que acabar nesse desânimo? Dona Chiquinha, por favor! Aquela polca, *É enorme*!

CHIQUINHA *toca a polca* É enorme. *Foco apenas nela. Os outros saem. A polca transforma-se numa música que ela está acabando de compor. Ela anota numa partitura as notas que vai extraindo do piano.* JOÃO GUALBERTO *chega ansioso, todo janota e com a gravata na mão.*

JOÃO GUALBERTO
Arruma pra mim!

CHIQUINHA
Mas será que você não é capaz de pôr uma gravata, Santo Deus?

JOÃO GUALBERTO
Já tentei duas vezes, mas não consigo arrumar o nó!

CHIQUINHA *coloca-lhe a gravata.*

JOÃO GUALBERTO
A senhora ainda nem se arrumou!

CHIQUINHA
Não precisa ter pressa porque a noiva vai chegar atrasada!

JOÃO GUALBERTO
(*Gritando.*) Ai!

CHIQUINHA
Muito apertada?

JOÃO GUALBERTO
(*Impaciente.*) Ande logo com isso!

CHIQUINHA
Virgem santíssima, como você está nervoso!

JOÃO GUALBERTO
A senhora não ficou nervosa no dia do seu casamento?

CHIQUINHA
Fiquei triste e tive medo! Muito medo do que me esperava! (*Tempo.*) Pronto! Olhe-se no espelho!

JOÃO GUALBERTO
(*Cheio de dedos.*) Mamãe...

CHIQUINHA
É só um instantinho! Eu preciso entregar esta música até amanhã!

JOÃO GUALBERTO
Mamãe...

CHIQUINHA
(*Impaciente.*) Ainda faltam duas horas para a cerimônia! Quer me deixar trabalhar em paz???

JOÃO GUALBERTO
(*Gaguejando.*) Eu convidei o papai para o casamento...

CHIQUINHA
(*Atônita — deixa cair o lápis.*) O quê???

JOÃO GUALBERTO
Convidei o papai... Ele vai estar na Igreja...

CHIQUINHA
(*Levanta — ainda atônita.*) Mas por quê? Por quê?

JOÃO GUALBERTO
Eu procurei por ele...

CHIQUINHA
(*Brava.*) Por que o procurou? O que você quer com essa gente?

JOÃO GUALBERTO
Eu vou me casar, papai é rico, ele pode me ajudar!

CHIQUINHA
Eu não estou aqui? Não tenho provido você de tudo que precisou até agora???

JOÃO GUALBERTO
Papai falou em me dar umas terras na Ilha do Governador!

CHIQUINHA
Que ele comprou à custa das armas e dos negros que ele levou pra Guerra do Paraguai!

JOÃO GUALBERTO
Eu não sei como ele comprou, mas...

CHIQUINHA
(*Chateada.*) Interesseiro!

JOÃO GUALBERTO
Se a senhora quiser, eu não aceito essas terras que...

CHIQUINHA
(*Corta.*) Faça o que achar melhor!

JOÃO GUALBERTO
Mamãe, se eu aceitar, não fique com receio... (*Sinceramente.*) Eu vou ficar sempre do lado da senhora!

CHIQUINHA
(*Sinceramente — encarando.*) Eu não vou pedir nada, Gualberto! Deus me deu quatro filhos, mas só pude ser sua mãe! Se o amor que eu lhe dei foi de boa cepa, então deitou raízes no seu coração, e nem seu pai nem ninguém poderá jamais nos separar!

JOÃO GUALBERTO *cai nos braços de* CHIQUINHA...
*Vozerio em off gritando:*

VOZES
Morte ao Trovão! Viva a Princesa Isabel!

**CHIQUINHA**
Você ouviu???

**JOÃO GUALBERTO**
O quê?

**CHIQUINHA**
É a guarda-negra!

**VOZES**
Viva a monarquia! Morra Lopes Trovão!

**CHIQUINHA**
(*Preocupada.*) Gualberto! O Trovão vai falar hoje no Clube Ginástico!

**JOÃO GUALBERTO**
Hoje é dia do meu casamento, mamãe!

**CHIQUINHA**
(*Apressada.*) Ainda faltam duas horas pro seu casamento! Eu encontro você na igreja! (*Sai correndo.*)

*Entra som do* Hino da República.

**DAMA DA CORTE**
Sabe da última, Conselheiro? Agora virou republicana!

**CAVALHEIRO**
Só pode ser pra afrontar a família que continua leal ao Imperador!

**DAMA DA CORTE**
Então foi por isso que afastaram o velho Basileu do Ministério da Guerra?

**CAVALHEIRO**
Então se o Exército está se sentindo tão à vontade pra afastar um monarquista do cargo, a proclamação da República está por dias!

*Sobe som da valsa* Carlos Gomes, CHIQUINHA *e*
CARLOS GOMES *atravessam o palco dançando,
olhando-se nos olhos, muito envolvidos.*

### DAMA DA CORTE
Sabem o que murmuram por aí...? Que o maestro e essa mulher...

### CAVALHEIRO
Carlos Gomes?

### DAMA DA CORTE
Quando passou por aqui!

### CAVALHEIRO
Não me diga!

### DAMA DA CORTE
Ela perdeu a vergonha, Conselheiro! Toda dengosa com o maestro como se fosse uma mocinha de 15 anos! Uma mulher daquela idade, quase uma avó!

### CAVALHEIRO
Minha senhora, avó ou não, dona Chiquinha ainda é uma mulher soberba!

### PAULA NEI
(*Para* CAVALHEIRO.) O senhor que gosta de música, não gostaria de comprar um convite para a primeira festa artística em benefício de dona Chiquinha Gonzaga?

### CAVALHEIRO
Com todo o prazer!

### DAMA DA CORTE
(*Despeitada.*) Com tantas revistas, operetas, comédias e burletas, imaginei que essa mulher estivesse rica!

#### PAULA NEI
Pobre artista brasileiro/ Que da arte for viver/ Verá tão pouco dinheiro/ que mal poderá comer!

#### DAMA DA CORTE
É só o que tem nesta cidade! Poetas e prostitutas!

> MENDIGO *negro entra enquanto* DAMA *e* CONSELHEIRO *vão saindo.*

#### MENDIGO
(*Para* PAULA NEI.) Uma esmolinha, Sinhô!

#### CHIQUINHA
(*Entrando e vendo o mendigo.*) Foi pra isso que fizemos a abolição? Para transformá-los em mendigos? Onde está o Imperador que não sai à rua para ver esta miséria?

#### ARTUR
(*Entrando.*) O Imperador está muito ocupado no Paço, ouvindo a sua voz no fonógrafo!

#### CHIQUINHA
Que diabo é isso?

#### ARTUR
É uma coisa do outro mundo, dona Chiquinha! Tem um canudo alto e uma manivela! Dá-se corda na manivela e o som da voz sai pelo canudo!

#### CHIQUINHA
E isso é bom para o teatro, Artur?

#### ARTUR
É isso que vamos ver! (*Vai saindo.*)

> JUCA *entra.* CHIQUINHA *precipita-se em sua direção.*

CHIQUINHA
(*Abraçando.*) Mano Juca! Quando você voltou?

JUCA
A família mandou me chamar porque papai está muito mal...

CHIQUINHA
Me disseram que ele estava doente mas...

JUCA
(*Corta.*) Está por horas, minha irmã...

CHIQUINHA
Eu queria vê-lo, Juca! Eu queria muito ver papai!

JUCA
(*Reluta.*) Eu posso tentar, mas não sei como será a sua reação...

*Foco no velho* BASILEU *no leito de morte.* DONA ROSA, *a seu lado, rezando o terço.* CHIQUINHA *bem afastada (está na rua).* JUCA *avança para* DONA ROSA *e fala a seu ouvido.*

JUCA
Mamãe, por favor... eu precisava falar com papai um assunto muito importante...

ROSA *afasta-se.*

JUCA
(*Aproxima-se de* BASILEU.) Papai...

BASILEU *responde com um gemido.*

JUCA
Chiquinha está lá fora e deseja ver o senhor...

BASILEU
(*Com dificuldade.*) Chiquinha quem?

**JUCA**
Chiquinha sua filha, papai...

**BASILEU**
Chiquinha, minha filha, de há muito já é morta...

**JUCA**
(*Pedindo.*) Papai...

**BASILEU**
Chame sua mãe!

**JUCA**
(*Pede.*) Papai, por favor...

**BASILEU**
E um padre... Chame um padre... Eu quero me confessar outra vez!...

**JUCA**
Até o fim, meu Deus! Não era preciso castigá-la tanto!

*Foco em* CHIQUINHA *chorando*. Gualberto *com a mão no seu ombro, confortando-a.*

**JOÃO GUALBERTO**
Mamãe, por favor...

**CHIQUINHA**
Deixe-me sozinha, GUALBERTO, por favor...

**JOÃO GUALBERTO**
Como vou deixar a senhora sofrendo assim por causa daquele velho monarquista?!

**CHIQUINHA**
Não fale assim do seu avô!

**JOÃO GUALBERTO**
E a senhora ainda o defende? Não quis recebê-la nem no leito de morte...

#### CHIQUINHA
(*Corta.*) Cale-se!

#### JOÃO GUALBERTO
Pelo amor de Deus, mamãe! Aquela gente nem deixou a senhora acompanhar o enterro!

#### CHIQUINHA
O que você sabe da natureza humana? Seu avô me ofendeu, me magoou, mas era meu pai e eu o amava muito! E ele também me amava porque o tamanho do seu ódio dá bem a medida desse amor!

#### JOÃO GUALBERTO
Eu não entendo a senhora!

#### CHIQUINHA
Eu estou muito triste, muito ferida, mas posso entender o seu avô porque nós sempre fomos muito parecidos!

HILÁRIO *entra.*

#### HILÁRIO
Mamãe...

CHIQUINHA *volta-se.*

#### HILÁRIO
Sou Hilário, mamãe...

#### CHIQUINHA
(*Atônita.*) Hilário?...

#### HILÁRIO
Só não vim antes porque estava morando no sul...

#### CHIQUINHA
(*Feliz.*) Hilário...? (*Abraça o filho — feliz.*) Meu filho Hilário voltou!

*Foco em* JUCA.

### JUCA
E um dia mamãe me chamou e pediu que a levasse à casa da minha irmã...

*Como se fosse câmara lenta.* CHIQUINHA *erguendo-se e avançando para a mãe. As duas se abraçando emocionadas. Música de ópera no fundo: pode ser Wagner — Prelúdio da ópera de* Tristão e Isolda. *Foco morre no abraço e corta para* DAMA *e* CAVALHEIRO.

### DAMA
Já soube da grande novidade, Conselheiro? Reconciliaram-se definitivamente!

### CAVALHEIRO
O Exército e a Marinha?

### DAMA
Dona Rosa e dona Chiquinha!

### CAVALHEIRO
E a senhora acha que tenho tempo de me ocupar com assuntos comezinhos com tudo que está acontecendo no país?

### JORNALEIRO
Leiam, leiam n'*A Cidade do Rio* a renúncia de Deodoro!

*Tiro de canhão.* DAMA *e* CAVALHEIRO *saem esbaforidos.*

### CHIQUINHA
(*Entrando.*) O que foi isso?

### JORNALEIRO
Então a senhora não sabe? A Marinha se revoltou!

*Sai apressado.*

**VENDEDOR DE MODINHAS**
(*Entrando e cantando.*) Quisera amar-te mas não posso, Elvira! / Porque gelado trago o peito meu/ Não me crimines pois não sou culpado/ Amor no mundo para mim morreu!

**CHIQUINHA**
Como estão indo os negócios?

**VENDEDOR DE MODINHAS**
Mal, sinhá! Não se consegue vender nesta confusão!

**CHIQUINHA**
Experimenta vender esta!

*Coloca uma partitura na mão dele.*

**VENDEDOR DE MODINHAS**
(*Lendo.*) *Aperte o Botão?* (*E vai saindo.*)

*Sobe som de* Caramuru. CHIQUINHA *no piano compondo.* GUALBERTO *entra.*

**JOÃO GUALBERTO**
A senhora mandou me chamar, mamãe...

**CHIQUINHA**
(*Erguendo-se.*) Que história é essa de você dormir quase todos os dias fora de casa?

**JOÃO GUALBERTO**
Eu não sou feliz com a Ritoca, mamãe...

**CHIQUINHA**
Então diga isso pra ela e não pra mim! Se não está feliz, seja homem e enfrente sua mulher, mas não se esqueça de suas responsabilidades! Você tem duas filhas pequenas e elas não têm nada a ver com a sua infelicidade conjugal!

JOÃO GUALBERTO
A senhora sabe como é difícil falar com a Ritoca!

CHIQUINHA
Eu não sei de nada, nem quero saber! Resolvam seus problemas, você e ela, e me deixem trabalhar! (*Tempo.*) Você anda enrabichado por outra mulher?

JOÃO GUALBERTO
(*Abaixando os olhos.*) Não senhora...

CHIQUINHA
A quem você está tentando enganar???

JOÃO GUALBERTO
Mamãe... queria lhe dizer uma coisa...

CHIQUINHA
Então fale! Desembuche de uma vez!

JOÃO GUALBERTO
Papai perdeu tudo que tinha...

CHIQUINHA
E o que isso tem a ver com seus problemas com a Ritoca?

JOÃO GUALBERTO
Tenho estado muito com papai...

CHIQUINHA
O que você espera que eu diga, Gualberto? Que sinta pena do seu pai? Como é que um homem tão rico ficou na miséria, pode me explicar?

JOÃO GUALBERTO
Ele acreditou em Rui Barbosa, mamãe, e vendeu tudo pra comprar ações, mamãe...

CHIQUINHA
O que fácil vem, fácil vai... E afinal, Deus sabe o que faz!

PAULA NEI
(*Entrando.*) *Aperte o Botão* é de sua autoria, dona Chiquinha?

CHIQUINHA
Por quê, Paula Nei?

PAULA NEI
A polícia apreendeu a edição das partituras e está procurando a senhora!

CHIQUINHA
E o que é que posso fazer?

PAULA NEI
Esconda-se na minha casa que lá a senhora está a salvo!

CHIQUINHA
Me esconder por quê? Eu não sou criminosa! A Constituição não assegura liberdade de pensamento e expressão?

JOÃO GUALBERTO
E a polícia lá quer saber de Constituição? Vá com Paula Nei, mamãe!

PAULA NEI
Dona Chiquinha, por favor! Desterraram Patrocínio, Bilac está foragido em Minas Gerais! Eu não pude fazer nada por esses amigos! Me deixe pelo menos ajudar a senhora!

CHIQUINHA
Acalme-se, homem! Não vai acontecer nada! (*Para* GUALBERTO.) E você o que ainda está fazendo aqui? Vá pra casa ter uma conversa de gente com sua mulher!

GUALBERTO *sai.*

CHIQUINHA
(*Para* PAULA NEI.) Sente-se homem, acalme-se, pelo amor de Deus!

#### PAULA NEI
(*Senta-se.*) Estou me sentindo um biltre!

#### CHIQUINHA
Por estar do lado de Joaquim Floriano? Quem diz que você é o único, Paula Nei?

#### PAULA NEI
Não posso ficar contra Floriano, ele arrumou-me um emprego, é um amigo, seria desleal!... (*Levanta-se.*) Mas não tenho me calado! A senhora sabe muito bem que eu continuo lutando pela liberdade!

#### CHIQUINHA
(*Dedilhando alguma coisa.*) Hoje de manhã estava pensando... por que fizemos a República?

#### PAULA NEI
A senhora, o Bilac e o Lopes Trovão! Eu nunca me entusiasmei por essa idéia!

#### CHIQUINHA
Fizemos o que achamos ser melhor! Quem poderia imaginar que a República fosse proibir o que era permitido na época do Imperador?

#### PAULA NEI
A gente não deveria ter deixado que eles proclamassem a República, dona Chiquinha! Deveríamos ter tomado a peito essa tarefa, como fizemos com a Abolição! A Abolição sim, aquilo nos pertenceu!

CHIQUINHA *toca os acordes da* Marcha Triunfal a Lopes Trovão.

#### CHIQUINHA
Lembra-se disso? Fiz para o Lopes Trovão, o grande republicano que essa República esqueceu!

PAULA NEI
As revoluções, minha amiga, são como Saturno! Sempre acabam devorando seus melhores filhos!

*Sobe som de voz de soprano cantando ária de ópera famosa. Os três, atentos, dirigem-se para onde vem o som. Foco em Fredy Figner ao lado de uma mesinha com rodas e dando corda a uma manivela.*

CHIQUINHA
Que é isso?

FREDY
A voz de Adelina Pacci que na minha loja custa apenas 500 réis! Não precisa ir mais ao teatro! É só procurar Fredy Figner, o homem dos fonógrafos!

*Vai empurrando o fonógrafo para fora.*

CHIQUINHA
Você ouviu o que ouvi, Paula Nei? Ninguém precisa mais ir ao teatro?

PAULA NEI
Se isso for verdade, está na hora de morrer!

*Sai.*

CHIQUINHA
A cada dia que passa surge mais uma novidade, Santo Deus!

JOÃO DO RIO
(*Aproximando-se.*) Novidade mesmo vai ser o cinematógrafo Edison que está para ser inaugurado na Rua do Ouvidor!

CHIQUINHA
Quem é o senhor?

**JOÃO DO RIO**
Meu nome é Paulo Barreto, e tenho uma grande admiração pela senhora!

**CHIQUINHA**
Você ouviu o que o Fredy Figner disse sobre o fonógrafo?

**JOÃO DO RIO**
Não acredite numa palavra do que ele falou! O fonógrafo não está contra a senhora! Está a seu favor!

**CHIQUINHA**
Você é poeta, meu rapaz?

**JOÃO DO RIO**
Não, dona Chiquinha. Sou apenas um observador da cidade...

*Passa o Zé Pereira tocando bumbo e cantando: "Viva o Zé Pereira/ Pois a ninguém faz mal/ E viva a bebedeira nos dias de Carnaval/ Zim, balada!/ Zim, badala! E viva o Carnaval!. Seguido de um pequeno cordão cantando a Chula do Velho. Ô raio, ô sol/ Suspende a lua/ Bravos ao velho/ Que está na rua!"*

**CHIQUINHA**
(*Para* JOÃO DO RIO.) Gosta do Carnaval?

**JOÃO DO RIO**
Gosto sim senhora, aprecio muito ver passar um cordão!

**CHIQUINHA**
Mas falta alguma coisa, não lhe parece?

**JOÃO DO RIO**
Entusiasmo? Animação?

**CHIQUINHA**
Mais ritmo, mais propósito, mais caráter carnavalesco! Não sei, mas falta alguma coisa a esses cordões... (*E vai para o piano.*)

*Foco em* CHIQUINHA *sentada ao piano e começando a compor*
*Ó abre alas. À medida que define a música, um coro em off*
*começa a cantar: "Ó abre alas que eu quero passar! (bis) Eu sou*
*da lira não posso negar! (bis)" Entra em cena integrante do*
*cordão Rosa de Ouro cantando: "Ó abre alas que eu quero*
*passar! (bis) Rosa de Ouro é que vai ganhar!" Eles atravessam*
*o palco cantando entusiasmados.*

### JOÃO DO RIO
(*Entrando.*) Até que enfim o Carnaval ganha música própria, dona Chiquinha!

### CHIQUINHA
Você não é o Paulo Barreto?

### JOÃO DO RIO
Sou, mas pode me chamar de João!

### CHIQUINHA
(*Sorri.*) João? Eu gosto muito desse nome!

### JOÃO DO RIO
João do Rio, dona Chiquinha! O cronista da cidade!

*Sobe som de* Corta-Jaca. *Um casal de dançarinos*
*prepara-se para dançar.*

### ELA
Neste mundo de misérias, quem impera/ É quem é mais folgazão/ é quem sabe cortar jaca, nos requebros/ É suprema perfeição. *Estribilho*: Ai, ai, como é bom dançar, ai/ Corta-jaca assim... assim... assim...

### JUNTOS
Mexe com o pé/ Ai, ai, tem feitiço, ai/ Corta meu benzinho/ Assim... olê

## Ó ABRE ALAS

**ELE**
Esta dança buliçosa, tão dengosa/ Que todos querem dançar/ Não há ricas baronesas, nem marquesas/ Que não queiram requebrar, requebrar/

**ELA**
Este passo tem feitiço, tal ouriço/ Faz qualquer homem coió/ Não há velho carrancudo, nem sisudo/ Que não caia em trololó, trololó/

**ELE**
Quem me vir assim alegre, no Flamengo/ Por força se há de render/ Não resiste com certeza, com certeza/ Este jeito de mexer, mexer/

**JUNTOS**
Um flamengo, tão gostoso, tão ruidoso/ Vale bem meia pataca/ Dizem todos que na ponta, está na ponta/ Nossa dança corta-rama, corta-rama!

> CHIQUINHA *no piano. Coro acompanha nomeando os passos da dança: Corta-jaca!/ Castigo do corpo!/ Remelejo!/ Trama!/ Parafuso!* CHIQUINHA *está tocando no Clube Euterpe. Um rapazinho aproxima-se.* CHIQUINHA *começa a olhar para ele com interesse.*

**CHIQUINHA**
Como é seu nome?

**JOÃOZINHO**
João Batista.

> *Cena congela. Foco apenas em* CHIQUINHA *e* JOÃOZINHO.

**CHIQUINHA**
Quer repetir por favor?

JOÃOZINHO
João Batista.

CHIQUINHA
Você me lembra a pessoa que eu mais amei...

JOÃOZINHO *sorri*. CHIQUINHA *devolve o sorriso.*
*Encanto. Descongelamento. Foco no par dançando*
Corta-Jaca. DAMA *e* CAVALHEIRO.

DAMA
O senhor está vendo, Conselheiro? Até num clube respeitável como o Euterpe Estudantina estão dançando o maxixe!

CONSELHEIRO
A senhora não quer me dar a honra?

DAMA
(*Chocada.*) Oh! (*Mas vai e gosta.*) Conselheiro!

ARAUTO
(*Atravessando a cena.*) A companhia Dias Braga tem a honra de apresentar no Teatro Recreio Dramático *Cá e Lá*, revista de costumes e fatos nacionais e estrangeiros em 3 atos, 11 quadros e 3 apoteoses, no curso da qual será apresentada o *Corta-Jaca*, famoso tango de Chiquinha Gonzaga!

*E prossegue o* Corta-Jaca. CHIQUINHA *no piano.*
JOÃOZINHO *a seu lado.*

JOÃO DO RIO
(*Aproximando-se de* CHIQUINHA.) A senhora é a própria alma encantadora das ruas desta cidade!

CHIQUINHA
(*Sorri para* JOÃOZINHO.) Este é um grande amigo meu, João Batista!

JOÃO DO RIO
(*Para* JOÃOZINHO.) E você, quem é?

CHIQUINHA
Meu filho! (*Continua tocando.*)

JOÃO DO RIO *estende a mão para* JOÃOZINHO *e sorri para* CHIQUINHA, *discreto e cúmplice. Percebeu que* JOÃO *não é filho de* CHIQUINHA. *Prossegue o maxixe.*

DANÇARINO DUQUE
Seu maxixe fez o maior furor na Europa, dona Chiquinha!

DANÇARINA MARIA LINO
Em Paris só se falava do "tango brésilien"!

DANÇARINO DUQUE
Só se dançava o "tango brésilien"!

DANÇARINA MARIA LINO
Não adiantou nada o arcebispo de Paris proibir a dança aos cristãos!

DANÇARINO DUQUE
O cardeal Arcoverde também se manifestou contra o maxixe!

DANÇARINA MARIA LINO
Parece que até o papa está ameaçando os católicos com a excomunhão!

DANÇARINO E DANÇARINA
(*Cantando juntos.*) Se o Santo Padre soubesse/ O gosto que o tango tem/ Viria do Vaticano/ Dançar maxixe também!

JOÃOZINHO *entra e estende uma partitura a* CHIQUINHA. *Música cessa.*

CHIQUINHA
O que é isto?

#### JOÃOZINHO
Veja a senhora mesmo!

#### CHIQUINHA
(*Examinando.*) Mas é o *Corta-Jaca*!

#### JOÃOZINHO
Edição francesa. Olhe os autores!

#### CHIQUINHA
(*Procurando.*) Onde está o meu nome? (*Indignada.*) Isto é um roubo!

*Levanta-se, dobra a partitura e vai saindo, quando* JOÃO DO RIO *entra apressado com vários jornais.*

#### JOÃO DO RIO
Dona Chiquinha, a senhora foi redimida! O *Corta-Jaca* foi incluído no programa de recepção que a primeira-dama ofereceu no Palácio do Catete!

#### CHIQUINHA
Eu só vou ser redimida quando o autor brasileiro for respeitado!

*Foco em* RUI BARBOSA *que num plano elevado discursa.*

#### RUI
E aqueles que deveriam dar ao país o exemplo das maneiras mais distintas e reservadas promovem o *Corta-Jaca*, irmã gêmea do batuque, de cateretê e do samba! A expressão mais baixa, mais chula, mais grosseira de todas as danças selvagens!

*Foco em* CHIQUINHA *brandindo um jornal.*

#### CHIQUINHA
Por que o senhor Rui Barbosa não volta para a Inglaterra e deixa o Brasil em paz com as suas danças selvagens?

#### JOÃO DO RIO
O que a senhora pode esperar de um esnobe?

CHIQUINHA
(*Indignada.*) Eu vou falar com esse homem!

JOÃOZINHO
Mamãe, não fique nervosa! A senhora só foi usada no discurso como arma de Rui Barbosa contra o presidente Hermes da Fonseca!

JOÃO DO RIO
Joãozinho tem razão, dona Chiquinha! O Dr. Rui Barbosa não se conforma de ter perdido as eleições!

CHIQUINHA
E como é que um homem que pretende o voto popular pode desprezar o samba, o maxixe e o cateretê!

JOÃOZINHO
Essa campanha pelos direitos do autor está deixando a senhora muito exaltada!

CHIQUINHA
Exaltada não! Estou indignada! O *Forrobodó* teve 1500 apresentações e nem eu nem os autores vimos um tostão! O Fredy Figner da casa Edison já ganhou mais de trinta contos só com o disco do *Corta-Jaca* e não recebi um vintém! Pego uma partitura do *Corta-Jaca* e o que vejo? Dois franceses assinando a minha música! E como se não bastasse, vem agora o Dr. Rui Barbosa, com empáfia de europeu, achincalhar a música brasileira! (*Para* JOÃO DO RIO.) Ah, meu amigo! Se a gente não tiver coragem de lutar pelo que é nosso, vamos nos diluir nesse turbilhão de novidades que estão chegando de fora!

*Entra imediatamente o som de um ritmo americano em voga no fim da década de 1910. Foco em* CHIQUINHA *compondo, irritada com a música que vem de fora e não lhe permite compor.*

### CHIQUINHA
(*Chamando.*) Joãozinho! Que música é essa?

### JOÃOZINHO
(*Em off.*) É o gramofone da vizinha!

### CHIQUINHA
Responda com o Donga! E aumente bem o volume para toda a vizinhança escutar!

> *Sobe* Pelo Telefone, *que acaba se sobrepondo à música americana.* CHIQUINHA *sorri satisfeita e volta ao piano.* JOÃOZINHO *se aproxima.*

### JOÃOZINHO
Está aí uma mulher dizendo que é sua filha...

### CHIQUINHA
(*Não escutou direito.*) Hein?

### JOÃOZINHO
Está aí fora uma mulher.

### CHIQUINHA
(*Cortando ansiosa.*) Maria?

### JOÃOZINHO
Alice...

### CHIQUINHA
(*Respira profundamente.*) Mande entrar!

> CHIQUINHA *levanta-se, olha-se no espelho, ajeita-se e volta a sentar-se ao piano muito digna e fazendo pose, querendo causar boa impressão.* ALICE *entra imediatamente, conduzida por* JOÃOZINHO.

### ALICE
Mamãe?

## Ó ABRE ALAS

CHIQUINHA *estende-lhe a mão para que ela a beije,*
*o que* ALICE *faz entre lágrimas.*

CHIQUINHA
Pelo amor de Deus, Alice! Sem melodramas! Este é um momento de alegria, não de tristeza... Vamos, vamos, já chega de chorar...!

ALICE
Eu pensei que a senhora estivesse morta! Só fui descobrir depois de casada que a senhora era minha mãe, mas na ocasião eu estava morando no sul e...

CHIQUINHA
(*Cortando.*) Depois você me conta essa história. Agora sente-se e pare de chorar...

ALICE
Eu pensei que...

CHIQUINHA
(*Cortando.*) Aceita um chá?

ALICE
Mamãe...

CHIQUINHA
Joãozinho, um chá pra sua irmã!

JOÃOZINHO *sai.* CHIQUINHA *e* ALICE *olham uma para a outra e sorriem.*

CHIQUINHA
João Batista ainda está em Minas? Ele ainda está casado com aquela estrangeira?

ALICE
Papai perdeu tudo. Está muito pobre, mamãe...

CHIQUINHA

Meu primeiro marido pobre, meu segundo marido na miséria... Esta vida é mesmo muito irônica, não lhe parece?...

ALICE *assente.*

CHIQUINHA

Eu gostava muito do seu pai... muito, Alice... (*Sorri nostálgica.*) Acho mesmo que ele foi o meu grande amor... (*Tempo.*) Onde é que ele está morando?

ALICE

Aqui no Rio...

CHIQUINHA

Foi ele que mandou você me procurar?

ALICE

Não senhora...

CHIQUINHA

O que ele andou dizendo sobre mim?

ALICE

Nada, mamãe...

CHIQUINHA

(*Estranha.*) Ele nunca lhe falou de mim, nunca lhe disse por que o deixei, nunca...

ALICE

(*Corta.*) Uma vez....

CHIQUINHA

(*Ansiosa.*) O que ele falou?

ALICE

(*Arrepende-se.*) Não me lembro mais...

**CHIQUINHA**
Não se lembra ou não quer me dizer?

**ALICE**
(*Desviando os olhos.*) Não me lembro, mamãe...

CHIQUINHA *ensaia um acorde.*

**CHIQUINHA**
Gosta de música?

**ALICE**
Demais...

**CHIQUINHA**
Seu pai adorava música, seu pai... Foi isso que nos uniu... a paixão pela música.

CHIQUINHA *toca* Casinha Pequenina *e começa a cantar.* JOÃO BATISTA *entra, debruça-se no piano, galante e começa a cantar junto com* CHIQUINHA... *imagem do passado. Foco em* CHIQUINHA *vai diminuindo ao mesmo tempo em que* JOÃO BATISTA CARVALHO *se transforma em* JOÃOZINHO.

**JOÃOZINHO**
(*Aproxima-se.*) Quer que eu acenda a luz, mamãe?

**CHIQUINHA**
(*Voz comovida.*) Não, por favor, deixe como está!

*Foco morre em* CHIQUINHA. JOÃOZINHO *na sombra, como sempre. Continua o som da música. Black-out. Quando o palco se ilumina outra vez,* MARIA, HILÁRIO, ALICE *e* GUALBERTO *compõem um retrato de família dos anos 20.* CHIQUINHA *conduz* JOÃOZINHO *pela mão e o integra no quadro.* JOÃOZINHO *reluta.*

#### CHIQUINHA
(*Firme.*) Assuma o lugar que lhe pertence!

GUALBERTO *aproxima-se de* JOÃOZINHO. MARIA *afasta-se.*
HILÁRIO *e* ALICE *não se movem de seus lugares.* MANO JUCA
*entra e aproxima-se de* CHIQUINHA.

#### JUCA
Era isso que você queria?

#### CHIQUINHA
Era, mano Juca... Esperei muito pelo dia de tê-los assim todos juntos, mas às vezes não sei...

*Luz no quadro.* JOÃOZINHO *passa a* MARIA *um envelope.*
*Ela abre e retira duas notas.*

#### MARIA
(*Desapontada.*) Só isto?

#### JOÃOZINHO
Foi o que mamãe mandou dar a você.

#### MARIA
Foi o que mamãe mandou dar ou o que você disse pra ela me dar?

#### JOÃOZINHO
É mamãe quem dá as ordens, eu apenas obedeço.

#### MARIA
(*Com raiva.*) Quem é você? De onde você veio? Não é filho do meu pai! Não é filho de João Batista Carvalho! De quem você é filho, afinal?

## GUALBERTO
(*Panos quentes.*) Maria, pare com isso!

## ALICE
Fale baixo, Maria! Mamãe pode escutar!

## MARIA
(*Alto.*) Pois é bom que ela escute!

## GUALBERTO
Foi pra isso que você apareceu? Pra infernizar a vida de mamãe?

## MARIA
Eu estou viúva! Tenho três filhas pra criar e é obrigação dela me ajudar!

## ALICE
Eu também sou viúva e tenho filhas pra criar mas não peço nada a mamãe. Se ela quiser dar que dê o que puder!

## MARIA
(*Com raiva.*) Sonsa! É isso que você é! (*Para* JOÃOZINHO.) E você que se diz meu irmão não passa de um aproveitador que está tirando da gente aquilo que nos pertence por direito!

## GUALBERTO
Joãozinho nunca precisou da mamãe, ele tem um bom emprego na Casa Edison, e é o braço direito da nossa mãe!

## MARIA
Mas está comendo e morando na casa dela enquanto eu, a filha que ela abandonou...

## ALICE
(*Cortando.*) Ela não teve culpa, Maria!

MARIA
Não teve foi vergonha na cara!

GUALBERTO
(*Firme.*) Cale-se!

MARIA
Não posso me calar diante desta miséria que ela me dá! As minhas filhas estão passando necessidade!

CHIQUINHA
(*Aproxima-se.*) E por que estão passando necessidade?

MARIA
(*Ressentida.*) Porque a senhora não me ajuda!

CHIQUINHA
A mim ninguém me deu nada e Gualberto nunca passou fome!

MARIA
A senhora tinha um ofício! Eu não sei fazer nada!

CHIQUINHA
Pois aprenda! Como eu aprendi, como a sua irmã aprendeu, hoje em dia é tudo muito mais fácil! Eu não estou ajudando você em nada lhe dando uma mesada, minha filha! E você deveria me conhecer melhor pra saber que não suporto parasitas, sejam eles meus filhos, sejam eles quem forem!

MARIA
Eu sou sua filha!

CHIQUINHA
Foi isso que eu disse a meu pai quando ele me expulsou de casa e decretou a minha morte!

MARIA
A senhora só criou o Gualberto! Os outros deixou ao deus-dará!

## Ó ABRE ALAS

CHIQUINHA
(*Enérgica.*) Não foi ao deus-dará! Você ficou com seus avós, Alice ficou com o pai, Hilário foi criado pela tia! (*Irritada.*) E se fosse ao deus-dará? Quem é você pra me julgar?

MARIA
A senhora vai ter que prestar contas a Deus pelo que fez com seus filhos!

CHIQUINHA
A Deus sim, não a você! E se o caso é de acerto de contas, fique sabendo que nenhum filho me fez sofrer mais que você!

MARIA
A senhora é a principal responsável pela minha desgraça! Agora me agüente!

CHIQUINHA
Agüentar por quê? Você não é cega, nem surda, nem muda, nem paralítica! Tem duas pernas, dois braços pra trabalhar, sabe falar, andar, escolheu seu destino!

MARIA
Isso não é verdade! Eu estava noiva do Ernestino Delamare e o pai dele rompeu o noivado quando descobriu que a senhora era minha mãe!

CHIQUINHA
Sorte sua, minha filha! Se Ernestino a quisesse, teria se casado com a aprovação ou sem a aprovação do pai! Porque é assim que as coisas são! Quando uma pessoa quer uma coisa, luta por ela contra tudo e contra todos! Gente frouxa, joga a responsabilidade do seu fracasso em cima dos outros!

MARIA
A senhora é muito arrogante!

GUALBERTO

Cale-se Maria!

CHIQUINHA

(*Magoada*.) Eu não preciso disso, Maria. Eu não lutei a minha vida inteira pra pedir perdão aos meus filhos pelo que fiz ou deixei de fazer! O que está feito, está feito. Se tiverem forças pra reagir, reajam! Se não tiverem, sucumbam! Mas não joguem sobre mim a responsabilidade dos seus atos! Respeitem a minha velhice, a minha luta e o meu sofrimento! (*Apontando a porta*.) Ou então vão embora e não apareçam nunca mais!

GUALBERTO

(*Aproximando-se de* CHIQUINHA *carinhoso*.) Mamãe...

CHIQUINHA

(*Magoada*.) Eu só quero paz! Acho que mereço isso depois de setenta anos de luta e de trabalho!...

GUALBERTO

(*Carinhoso*.) Claro que merece mamãe...

CHIQUINHA

(*Para* JOÃOZINHO — *referindo-se a* MARIA.) Dê o que ela quiser!

MARIA

(*Com raiva*.) Eu não preciso do seu dinheiro!

CHIQUINHA

Bravos! Agora estou gostando de ver!

*Black-out.* Sobe Lua Branca. *Jovem com um ramalhete de flores aproxima-se de* CHIQUINHA. PASCOAL SEGRETO *ao lado.*

JOVEM

É para a roseira exuberante que tantas rosas nos tem oferecido, que estendo este buquê! Aceite por favor a gratidão do teatro e da música!

PASCOAL
Viva dona Chiquinha Gonzaga!

CHIQUINHA
(*Enfezada.*) Viva dona Chiquinha Gonzaga, por quê?

PASCOAL
A senhora não fundou a Sociedade Brasileira de Autores Teatrais? Não compôs não sei quantas músicas?

CHIQUINHA
Eu agradeço, mas as melhores homenagens não se fazem com flores (*joga o buquê em* PASCOAL.), nem palavras, mas com atos! (*Para a jovem que olha assustada para* CHIQUINHA.) Não é nada com você, minha filha! É aqui com o seu patrão!

PASCOAL
(*Sem jeito.*) Mas que foi que lhe fiz?

CHIQUINHA
Olha aqui, senhor Pascoal Segreto! Já lhe trouxe seis peças que o senhor me pediu pra musicar e até agora nem eu nem os autores tivemos resposta do senhor!

PASCOAL
Dona Chiquinha, infelizmente o teatro atravessa um mau momento! *Ma non* faz isso comigo nem a moça! Me aceita as *fiori*, vá...

*Coloca o buquê nas mãos de* CHIQUINHA.

CHIQUINHA
Em 1911, o senhor também disse que o teatro vivia um mau momento e eu provei que o senhor estava errado! *Forrobodó*

lhe deu rios e rios de dinheiro do qual nem eu nem os autores vimos um tostão!

PASCOAL
Pelo amor de Deus! Agora vocês têm essa tal de SBAT!

CHIQUINHA
(*Irônica*.) Nós temos tudo! Só estão faltando os teatros e os empresários pra gente poder trabalhar!

PASCOAL
Mas dona Chiquinha...

CHIQUINHA
(*Cortando*.) Qual é a desculpa desta vez, seu PASCOAL? Em 1911 era o disco e o cinema! E agora, o que é?

PASCOAL
O rádio!

CHIQUINHA
Quer saber de uma coisa? Estou muito velha pra ser enrolada por um carcamano safado como o senhor!

PASCOAL
É verdade, dona Chiquinha! O público só sai de casa pra ver grandes atores em peças sérias! Música ele escuta em casa à hora que quiser!

CHIQUINHA
Conversa!

PASCOAL
O teatro musical está morto, dona Chiquinha!

CHIQUINHA
Eu vou dizer o que está matando o teatro musical! Não é o disco, nem o cinema, nem o rádio! São essas modas que vêm

de fora! É esnobismo de brasileiro metido a sebo e a falta de colhão de empresários como o senhor!

PASCOAL
Pelo amor de Deus, dona Chiquinha! Não me venha dizer que não tenho...

CHIQUINHA
(*Cortou.*) Então invista no que é nosso!

PASCOAL *dá uma gargalhada.*

CHIQUINHA
Já dizia o finado Patrocínio! O Brasil é um país que ri quando devia chorar! (*Devolve as flores.*) Eu não preciso de flores! Preciso de um teatro para trabalhar!

*Deixa* PASCOAL *plantado com o buquê e caminha apressada.* JOÃO DO RIO *entra e cruza com ela.*

JOÃO DO RIO
Como vai, dona Chiquinha? Tem composto muito?

CHIQUINHA
Agora eu só descomponho!

JOÃO DO RIO
O Carnaval deste ano vai ser uma sensação! Vai sair a primeira escola de samba, dona Chiquinha!

CHIQUINHA
Ainda bem que é de samba! Do jeito que as coisas vão é bem capaz que saia uma escola de fox-trot pra desfilar no Carnaval!

JOÃO DO RIO
Onde é que a senhora vai com tanta pressa? (*Detendo* CHIQUINHA.) A senhora está bem?

**CHIQUINHA**

Estaria melhor se este País tivesse vergonha na cara! (*E vai saindo.*)

*Em off e som distante* — Ó abre alas. CHIQUINHA *senta-se cansada.* ARTUR AZEVEDO *(usando roupa do século XIX) aproxima-se.*

**ARTUR**

Cansada, dona Chiquinha?

**CHIQUINHA**

Exausta, Artur...

**ARTUR**

Sabe que sempre tive vontade de escrever uma burleta sobre a sua vida?

**CHIQUINHA**

Teve um pouco de tudo a minha vida! Entrechos cômicos, dramáticos, muito riso e muitas lágrimas, momentos ridículos, momentos patéticos, grandes alegrias, grandes desconcertos, e o desapontamento nosso de cada dia, por que não? Tudo que foi bom poderia ser melhor, tudo que foi grande, poderia ser maior! Mas, pensando bem, o que foi difícil poderia ter sido pior!

**ARTUR**

A senhora conseguiu calar a boca de todo mundo, dona Chiquinha!

**CHIQUINHA**

Sabe o que acordei pensando hoje de manhã enquanto escutava no rádio as músicas do Carnaval? Que já falei demais, já vivi demais. Está na hora de ir ao encontro de Deus Nosso Senhor e São Benedito, meu santo protetor!

*Som de* Ó abre alas *em off.*

## Ó ABRE ALAS

CHIQUINHA
Sabe o que eu queria, ARTUR? Morrer por estes dias, queria morrer ouvindo a cidade cantando a minha música... essa que todo mundo canta na época do Carnaval!

*Entra Ó abre alas. Todo mundo fantasiado, cantando e dançando no palco. Inclusive* CHIQUINHA.

PANO

*O texto deste livro foi composto em Sabon,
desenho tipográfico de Jan Tschichold de 1964
baseado nos estudos de Claude Garamond e
Jacques Sabon no século XVI, em corpo 10/13.5.
Para títulos e destaques, foi utilizada a tipografia
Frutiger, desenhada por Adrian Frutiger em 1975.*

*A impressão se deu sobre papel Offset 90 g/m²
pelo Sistema Cameron da Divisão Gráfica
da Distribuidora Record.*